戰國策

中文經典100句

台灣師範大學國文系季旭昇教授 總策畫
公孫策 著

〈出版緣起〉

站在文化巨人的肩膀上

季旭昇

「犁明即起，灑掃庭廚。忘著窗外，一片籃天白雲，令人腥情振岔。隨便灌洗一下，整理遺容之後，走到客聽，粘起三柱香，拜完劣祖劣宗，希望祖宗給我保屁。然後匆匆敢往朋友的壽宴，為朋友舉殤祝壽，大家喝的慾罷不能。談到朋友的事葉出現危機，我就建議他要摒持理念、拿出破力。朋友也免勵我要多用功，才能寫出家譽戶曉、躑地有聲的文章。晚上我開始發糞讀書，日以繼夜的終於寫完這一篇文章。」

這是用現在見怪不怪的錯字集錦而成的一篇小文，果然可以「擲地」，但是未必「有聲」。近年來，這種錯字太多了，老師開始憂心、家長開始憂心、社會賢達開始憂心，只有學生和教育主管當局不憂心，教育主管當局甚至於還要進一步削減中小學的國語文授課時數。終於，社會的憂心迸發了，由各界組成的「搶救國文聯盟」日前已起來呼籲教育主管當局要正視這個問題，不要坐視國家競爭力一日一日的衰落。

身為文化事業一份子的商周出版，老早就在正視這個問題了，所以洞燭機先地策畫了「中文可以更好」系列，為文字針砭、為語文把脈，希望把這些年語文界的毛病治好。各界反應還不錯。

語文的毛病治好了，體質還是不夠強壯。商周出版認為進一步要熬十全大補湯，讓我們的語文更強壯。這「十全大補湯」就是「中文經典一〇〇句」系列。

《荀子．勸學篇》說：

「吾嘗終日而思矣，不如須臾之所學也。吾嘗跂而望矣，不如登高之博見也。登高而招，臂非加長也，而見者遠；順風而呼，聲非加疾也，而聞者彰。假輿馬者，非利足也，而致千里；假舟楫者，非能水也，而絕江河。君子生非異也，善假於物也。」

學畫一定要先從芥子園畫譜學起。芥子園畫譜是初學者的「經典」。

張大千的畫藝要更上層樓，所以要去千佛洞臨壁畫。千佛洞是張大千的「經典」。

學書法的人要學二王顏柳，二王顏柳是書法界的「經典」。經典是古代聖賢才智的結晶，是民族文化的源頭。

多認識經典可以讓我們站在巨人的肩上，長得更快、更高。多認識經典可以讓我們的思想、文字帶有民族智慧、民族風格。

《論語》、《史記》、《古文觀止》、《孟子》、《詩經》、《莊子》、《戰國策》、《唐詩》、《宋詞》、《世說新語》等，這十本書應該是現代國民的「最低限度必讀經典」，做為這個民族的一份子，沒有讀過這十本書，就稱不上這個民族的「知識分子」。但是，現代人實在太忙了，大人忙著五光十色、小孩忙著被教改、社會忙著全民英檢、國家忙著走出去，人人都在盲茫忙，商周出版因此為忙碌的人們燉一鍋大補湯，用最活潑簡明的文句，把經典的精粹提煉出來，讓大家可以在「三上」（馬上、枕上、廁上）閱讀。在做完文字針砭、為語文把脈、把病痛治好後，讓我們來培元固本，增強功力，站在文化巨人的肩膀上，看得更高，飛得更遠！

（本文作者現爲台灣師範大學國文系教授）

〈專文推薦〉

這本書，遠比您預期的更豐富、有用、而且多面向

廖輝英

作家的閱讀經驗

對寫書寫了這麼多年的專業作家而言，我們看一本書的門道，絕對敏銳、深入、準確而且多面向。

一般粗淺的評斷一本書，以較寬鬆的、從讀者閱讀感受的角度為出發點，夠得上好的大概就是兩種：一種是好看（或有趣）的，閱讀本身沒有太大阻隔，一路讓您痛快淋漓、入迷，而且是高潮迭起。總之，它牽引著讀者的情緒，為之找到一種寄託或一個宣洩管道。這種書，其實也就堪稱得上好了。另一種則是有用的書，內容足以啟發讀者的視野、心智、觀點、勇氣，或在生活、技藝、靈修、人文素養、科技新知及各種專業領域中，能帶給讀者補強、增進、擴充、深化作用的，大約都堪稱有用的書。

賦予經典新生命

不過，所謂有用的書，作者或是不擅深入淺出之道，或是太企圖偉大而故弄玄虛，往往會讓一本很有用的書，因為閱讀上的障礙而使讀者望之卻步。

古籍中就有很多了不起的經典，因為缺乏通暢達理的「翻譯」，所以被迫成為現代人的拒絕往來書，這是非常可惜的事。一個好的「譯者」，與橋樑無異，除了要譯得精確，還必須懂得避免被古籍困住，而能找出古籍中和現代人安身立命息息相關、足堪借鏡、足以運用的精神，用通暢、明白、簡約的語言表達出來，古籍才可以被賦予新生命而再次活用。

一本易讀、易吸收的「戰國策」

《戰國策》一書的內容、作者、特點，都已在《中文經典一〇〇句——戰國策》作者的序文中詳述過。雖然公孫策特別強調，本書重點在名句而不在策，不過，由於作者對於抉選的「策術」，除了原文照登之外，另有簡明的白話注釋和譯文，兩相對照，讀者很容易就看出昔日那些「炒短線」的策士們，到底出了哪些救命或禍國的計策。作者另外附加的副標題，更點明這則策是某某人為了什麼事想出來的，對同樣喜歡「炒短線」的現代成年人，或對繁瑣複雜的事情懶得深究、又不求甚解的青少年朋友而言，容易讀、容易吸收。

「名句可以這樣用」則讓讀者心領神會，可以在必要的場合靈活運用。作者這本書的用意原不在此，不過，能把這些策融會貫通，運用到職場或任何人生戰場，卻是作者不預期，但讀者如果需要，可以從這裡「各取所需」的。

坊間很多古籍或詩詞「名句精選」的版本，大抵都抄來抄去，所以對照起來有很大比例的雷同，這是因為寫作者或編者不夠用心的緣故。在這一點上，公孫策的努力是可以看得見的。首先，他把有策無句的內文拿掉；其次，他另外引用相似名句或不同場合、不同用法的名句，讓讀者博聞廣記；再其次，《中文經典一〇〇句——論語》或《中文經典一〇〇句——史記》中曾選出的名句，此間盡量不重複選用。高標選擇的結果只得七十則，所以加上《左傳》和《說苑》部分名句，共有一百則。一位作者肯如此不厭其煩和自找麻煩，通常可以看作是這本書品質的保證。

聽故事，學語文，增知識

學名句、讀歷史、看故事、研習策術，這本書起碼有這麼多大面向的好處；而且，它並不限定任何年齡層的讀者，換句話說，幾乎是所有年齡層都適合閱讀。

對小朋友來講，聽故事的年齡雖不一定能完全瞭解那些策術，但許多枯燥繁瑣的課程——像我們各級學校所編的歷史課本，要搞懂它並將之背起來應付考試，實在是種酷刑，如果能從故事和名句開始，自趣味出發，或許就能事半功倍。我想，就這個功用來講，也適用於青少年學子。

敘述性文學（包括口傳式的說故事或形諸文字體例）對啟蒙時期孩子往後的影響，實在既深且遠。這已經超越考試或背誦的狹窄範圍，我自己和兩個孩子就是很好的例子。

寫作要有天分，但也必須養成。小時候，父親的床邊故事應該是開啟我想像與寫作的最原始根基（其中很多講的都是歷史故事）；它對於聽故事者日後的組織與表達能力，無意中也發揮了作用，但這種作用可能不是以非常明顯的結果表現。我自己回頭審視，發現在聽課記重點和聽話抓要點、發言能力以及表達這些事上，常聽故事的人會比較占優勢。我的兩個孩子小時候，每晚都聽我講二、三十個故事。一直到小學三、四年級，即使平常他們都自己看課外書，但睡前的床邊故事，我及外子都常應他們要求，以兄妹二人為主角，自編情節講給他們聽。雖然他們二人無一繼承衣缽，可是兩人的作文及表達能力都算不錯，尤其動詞用得特別傳神。我本來未曾注意及此，還是兒子有一次自己告訴我：那些床邊故事對他一路走來的表達能力造就不少——至少比大部分同學都好。有故事好學習，父母真的不能小看故事聯結周邊名句與歷史的力量——孩子永遠都是可以期待的。

在寫序之前，我細讀這本書，發現其中有很多故事和策術，可在平時朋友聚會、客戶聯繫或業務推廣上供做哈啦閒聊的素材——所謂口才好會說話，其實與其說是說話技巧好，還不如說是講話內容有趣才更重要。所以，小時欠栽培沒關係，現在一書在手，惡補也來得及——安啦！

（本文作者爲知名小說家）

〈序文〉

君子小人各有得焉

公孫策

《戰國策》的原作者不詳，大抵是戰國時代各國諸侯的史官紀錄，直到西漢劉向將之整理成三十三卷，以國別為目錄，訂名為《戰國策》。其內容，全都是時代的策士為個別諸侯國君、針對眼前問題的解決之策，由於當時國際形勢複雜且多變，這些一時之計因而變化多端，堪稱是一本「炒短線手冊」——在面對難局、不知所措之時，且莫急著去算命卜卦，先翻一翻《戰國策》，說不定有可以參考的策略。如果有了，那就應了本書「卜以決疑，不疑何卜」名句。

但既然是「短線」，就很可能會在日後，也就是中長線，出現後遺症。因此，劉向校訂《戰國策》的書錄（功能同序、導讀）就指出，「為之謀策者，不得不因勢而為資，據時而為（看情況提意見）」，但他也肯定全書各策，「皆高才利士度時君之所能行，出奇策異智，轉危為安、運亡為存，亦可喜，皆可觀」。

後世校訂本書者，如宋朝曾鞏就說：「其相率而為之者，莫不有利焉而不勝其害也，有得焉而不勝其失也。」元朝吳師道說：「見其始利而終害，小得而大喪。」基本上，由於中國知識分子千百年來以儒家為主流，機關算盡的言論很容易就被衛道人士攻擊，所以校訂《戰國策》的學者，寫一兩句評論正可以做為「自我防衛」，其中尺度最寬者也不過是「君子小人各有得焉」——這本書，君子和小人可以各取所需，所以，仍有其存在價值。不這樣講的話，說不定早就被某個當權保守派給「禁」了！

然而，這本「中文經典一〇〇句」的出版宗旨在「經典名句」而不在「策」，所以沒有「道」的問題，但也因此而未錄進一些很棒的「策」，例如甘羅十二歲為秦國出使燕、趙的故事，故事好、說得也好，可是其中卻找不出一句經典名言，只得「割愛」。

又，選出來的名句，卻未必是原故事的主旨或警句，因此，我為每一經典名句加了一個副標題，用以詮釋「名句的故事」是「×××之策」，而「名句可以這樣用」則對選出來的經典名句加一些注釋或引申。

又，本系列在規畫之初，就有「盡量避開四字成語」的默契，因此諸如「畫蛇添足」、「驚弓之鳥」等成語，儘管原典故是很棒的故事，也未予選入。另外，本系列已出版的《史記》、《論語》中已選用的名句，也盡量不重複，例如「士為知己者死，女為悅己者容」等。

選擇名句是寫作過程中最困難的部分，每一個人對「經典」的定義都不相同。我以個人的「中高標準」篩選之後，才選出了不到七十則——要選一百則好的故事或計策絕無問題，可是還得要有經典名句才行。在不甘「寧濫勿缺」的心情之下，我加入了《左傳》和《說苑》中的名句故事。一方面，這二本都是記載春秋、戰國時代的故事；再者，《左傳》作者左丘明是比較「道貌岸然」那一型，多少可以減低《戰國策》的「術氣」。而《說苑》的作者也是劉向，這三本的故事放在一本書當中，並不覺突兀。

但由於《左傳》側重評論，與《戰國策》專重計謀不同，因此，《左傳》的名句副標題乃不再是「×××之策」，而有「×××之道」、「×××之論」、「×××之辯」等變化。

無論如何，希望本書對讀者能有裨益，不管是為了學名句、看故事，還是讀歷史，都能「各有得焉」。

公孫策

二〇〇六年一月

安身立命之策

處世應對之策

Contents／目錄

領導統籌之策

經營管理之策

Contents／目錄

戰國策100

安身立命之策

貴其所以貴者貴

——認清權力本源之策

名句的誕生

諺曰：「貴其所以貴者貴[1]。」今王之愛習[2]公也，不如公孫郝；其知能[3]公也，不如甘茂；今二人者，皆不得親[4]於事矣，而公獨與王主斷[5]於國者，彼有以[6]失之也。

～戰國策‧韓策

完全讀懂名句

1. 貴：第一個「貴」是動詞，尊重的意思；第二、三個「貴」是形容詞，地位尊貴的意思。
2. 愛習：愛而習之，寵信不衰的意思。
3. 知能：信任其才能。
4. 親：親自辦理，用法同「親政」之親。
5. 主斷：決策。
6. 以：原因。

語譯：俗話說：「尊重（珍重）自己為何而尊貴的人，就能長保尊貴。」秦王寵信閣下的程度，不如以前寵信公孫郝；秦王信任閣下的才能，不如以前對甘茂的授權；可是，如今此二人都不能再接近國家大事了。而閣下仍能參與秦王之決策，就是因為那二位有某些原因而失去權力了啊！

名句的故事

公孫郝與甘茂，一為近臣、一為大將，可是公孫郝與韓國交好，甘茂與魏國交好，因此失去了秦昭王的信任。

本策的主角是向壽，向壽是秦宣太后娘家的人，宣太后是楚王的女兒，嫁到秦國，因此，向壽有楚國血統，也因此楚國很努力拉攏向壽的關係，於是向壽的外交戰略傾向聯楚攻韓。

前述說詞就是韓國宰相公仲派遣的說客對向壽陳明的道理——公孫郝、甘茂、向壽都是秦國重臣，韓、魏、楚，之所以尊重他們，都是因為他們在秦國握有權力。然而，臣子的權力來自國君信任，若因為某國示好（賄賂）而傾向該國，就會失去國君的信任，也就失去了權力，當然也失去了外國的尊重——不懂得珍惜自己之「所以貴」，就不「貴」了！

那位說客對向壽的建議是：向秦王建議聯合韓國以防備楚國。由於楚國是向壽的「親人」，韓國是向壽的「仇人」（向壽曾率軍伐韓），此舉將能得到秦王的信任。

歷久彌新說名句

楚漢相爭時，項羽的唯一軍師是范增，尊稱為「亞父」。有一次，項羽的使者到漢王劉邦軍中，張良故意先以「太牢」（有表示尊崇的牛、豬、羊三牲）款待他，再假裝弄錯，說：「我還以為是亞父的使者，原來是項王的使者。」當場撤去太牢，換上次等餐飲！

使者回去報告項羽，項羽開始懷疑范增的忠誠度，最後，范增告老還鄉，疽發背而死（死因不明不白）。

當然，這是張良的反間計成功，但運用的原理，則是破壞掉范增的「所以貴」。而范增一直以功高自居，也才讓張良有可乘之機。

名句可以這樣用

閩南諺語說：「只要根頭企乎在，嘸驚樹頂做風颱（只要樹根站得穩，不怕樹頂刮颱風）。」守住安身立命的根頭、本源，就不怕風雨來襲，反之則樹大招風，根被拔起，樹也完了！

事有不可知者，有不可不知者；有不可忘者，有不可不忘者——施恩不望報之策

名句的誕生

人之憎我也，不可不知也；吾憎人也，不可得而知也。人之有德於我也，不可忘也；吾有德於人也，不可不忘也。今君殺晉鄙、救邯鄲、破秦人、存趙國，此大德也。今趙王自郊迎，卒然[1]見趙王，臣願君之忘之也。

～戰國策・魏策

完全讀懂名句

1. 卒然：無意的，無準備的。此處做「若無其事的」解。

語譯：人有憎恨我者，不可不知道；我憎惡別人，不可長存於心中。人家有恩惠於我，不可以忘記；我有恩惠於人，不可以不忘記。閣下殺了晉鄙、救了邯鄲、擊敗秦軍，保全了趙國，這是對趙王的大恩德。如今，趙王親自到郊外迎接閣下，我希望您能夠忘掉對趙國的恩，若無其事的與趙王相見。

名句的故事

這是三晉（韓、趙、魏）合力抗秦的最後一場勝利。

秦國積極東進，韓國首當其衝，受傷最慘，韓國的上黨是東進要道，已經被秦軍孤立，韓國索性放棄，但上黨軍民拒絕降秦，於是趙孝成王「火中取栗」接收上黨，正面與秦對抗。趙軍不是秦軍對手，長平一役被坑殺四十萬

人。隔年，首都邯鄲被圍，平原君率使節團赴楚國求援（「脫穎而出」、「毛遂自薦」成語出處），而魏安釐王和信陵君兄弟又是平原君的小舅子，於是魏國也派大將晉鄙率軍援趙。

不料，秦國的使者出言恐嚇安釐王，安釐王乃示意晉鄙按兵不動。信陵君偷得魏王的虎符，前往晉鄙軍中，椎殺晉鄙，再率領魏軍馳援邯鄲。另一方面，平原君由楚國請來的援兵也由春申君黃歇率領趕到。一戰之下，秦將鄭安王投降，邯鄲解危。

這就是信陵君對趙國的「大恩」。邯鄲城圍既解，趙孝成王親至城郊迎接信陵君，此時，唐雎向信陵君說：「事有不可知者，有不可不知者；有不可忘者，有不可不忘者。」並且做了前述的說明，信陵君「謹受教」——恭敬的接受建議。

歷久彌新說名句

這個故事在《史記．魏公子列傳》中更富劇戲性。趙王與平原君商議，要送五座城池給信陵君，信陵君聽到消息，面露驕矜之色。於是「有人」提醒他「有德於人，不可不忘」，信陵君乃以謙卑態度與趙王相見。

另一方面，魏王火大信陵君盜符殺將，因此信陵君不敢回魏國，在趙國待了十年。後來，秦軍攻打魏國，信陵君才回魏「共赴國難」，並以自己的國際聲望邀來援兵，解除危機。

話說回來，若信陵君當初不降低姿態，又怎能在趙國一待十年？臣子功高震主都很危險，何況一位囂張的「恩人」？

名句可以這樣用

本策前兩句用現代語言講，叫做「防人之心不可無，害人之心不可有」；後兩句則是「有恩不忘報，施恩不望報」。

無功不當封——利害對照之策

名句的誕生

太后嫁女諸侯，奉以千金，齎[1]地百里，以為人之終[2]也。今王願封公子，百官持職[3]，群臣效忠，曰：「公子無功不當封。」今王之以公子為質[4]也，且以[5]為公子功而封之也。而太后弗聽，臣是以知人主之不愛丈夫子[6]獨甚也。且太后與王幸而在，故公子貴；太后千秋[7]之後，王棄國家[8]，而太子即位，公子賤於布衣。故非及太后與王封公子，則公子終身不封矣！

～戰國策・燕策

完全讀懂名句

1. 齎：音ㄐㄧ，jī，贈與。
2. 終：終身。
3. 持職：謹守職分。
4. 質：人質。
5. 且以：即以，就是要以。
6. 丈夫子：男子。
7. 千秋：猶言「百年」，千秋之後指逝世以後。
8. 王棄國家：國君逝世。

語譯：（陳翠對太后說）太后將女兒嫁給諸侯，陪嫁千鎰黃金、百里土地，為的是替她終身著想。如今大王想要封土地給么子，百官群臣忠於職守提出：「公子對國家沒有功勞，不應當封爵。」因此，大王有意派公子去齊國做人質，目的就在讓公子為國立功，然後才有封地的理由，可是太后您卻不答應，我於是知道太后愛女兒、不愛兒子。況且，由於今天太后與大王都仍健在，公子才得以享有尊貴地位，一旦太后、大王都棄國家而去，屆時太子即位，公子（新君的叔叔）恐怕還不如平民的地位（因為沒有封邑甚且遭忌）。所以，不趁著太后和大王在位時讓公子立功、封爵，搞不好公子終身沒機會了！

名句的故事

燕國老臣陳翠為了鞏固和齊國的邦交，建議把燕王噲的弟弟送到齊國當人質。燕王答應了，可是媽媽疼「細仔」（么兒），就很火大陳翠。陳翠入宮晉見太后，說「太后只愛女兒，不愛兒子」，太后問何以見得，於是有前述論調。而太后聽完這番話，立即吩咐小兒子準備車馬行囊。

古時候，兩國交戰不殺來使，可是兩國交戰卻第一個殺人質，以示盟約作廢。因此，擔任人質是一樁苦差事（因為遠離尊貴的宮廷），更是一樁隨時可能丟腦袋的差事。也因此，燕太后不答應么兒去當人質。可是陳翠曉以未來的利害關係——無封邑則將淪為庶民，太后就聽懂了。

歷久彌新說名句

漢高祖劉邦在弭平異姓諸王叛亂之後，訂下規矩，「非劉勿王，非有功不侯」，以此奠定帝國的統治基礎。但是，「非劉勿王」也意味著劉氏子孫無功也可以封王，後來釀成七國之亂；而且之後宦官也封侯，破壞了「無功不當封」的制度，漢帝國於是逐漸衰弱。

鷸蚌相爭，漁翁得利
——避免兩敗俱傷之策

名句的誕生

（蘇代謂趙惠王）今者臣來，過易水，蚌方出曝[1]，而鷸[2]啄其肉，蚌合而拑[3]其喙[4]。鷸曰：「今日不雨，明日不雨，即有死蚌。」蚌亦謂鷸曰：「今日不出[5]，明日不出，即有死鷸。」兩者不肯相舍[6]，漁者得而并[7]禽[8]之。今趙且[9]伐燕，燕趙久相支[10]，以弊[11]大眾，臣恐強秦之為漁父[12]也。

~戰國策．燕策

完全讀懂名句

1. 曝：曬太陽。
2. 鷸：水鳥名，嘴尖而長。
3. 拑：同「箝」，夾住。
4. 喙：鳥的嘴。
5. 不出：不放出（鷸喙）。
6. 舍：同「捨」。
7. 并：同「並」或「併」，一齊、一同。
8. 禽：同「擒」。
9. 且：將要。
10. 相支：相持不下。
11. 弊：疲憊。
12. 漁父：漁夫。

語譯：（趙國將要伐燕，蘇代去遊說趙惠王）臣來趙國途中經過易水，看到一隻蚌正在曬太陽，有一隻鷸去啄蚌的肉，蚌用兩片殼夾住鷸的喙。鷸說：「今天不下雨，明天不下雨，就會有死蚌。」（蚌離水就活不久，你還是鬆口吧！）蚌則對鷸說：「今天不放，明天不放，就會有死鷸。」雙方都不肯放開，因此被漁翁將兩者一併抓走。如今趙國將要攻打燕國，兩國相持不下（實力相當），雙方國力耗窮，我恐怕秦國坐收漁翁之利啊！

名句的故事

這個故事大家耳熟能詳，可是年代與事蹟皆不可考，而《戰國策．燕策》中另有一個相似故事：

燕昭王時，燕國發生饑荒，趙惠王準備趁火打劫。這時，楚國派了一位將軍出使燕國，路過魏國時，魏國將軍趙恢建議他居間調停，這位楚將就去對趙王說：「從前，吳國趁齊國饑荒而伐齊，前方還沒打贏，後方卻遭越國偷襲；如今大王想趁燕國饑荒而攻打燕國，恐怕強秦要重演越國的故事了。」趙惠王聞言，停止進攻計畫，而燕昭王則重謝這位楚國使者。

歷久彌新說名句

戰國時代列國相攻，第三者坐收漁翁之利的故事不勝枚舉，例如「二虎相鬥，必有一傷」的故事，是看到二虎相鬥，坐等結果而行動。又如本書「戰勝無加，不勝則死」一篇，是按兵不動，讓雙方擔心被揩油而罷兵。又如「鬼且不知也」一篇，是小國等待大國打出結果，再和戰敗一方結盟的生存之道。策略各有不同，但都是用一個「等」字訣。

名句可以這樣用

瞭解「鷸蚌相爭，漁翁得利」的道理，就不該輕啟戰端——一旦鷸喙已下啄，蚌殼也已閉合，那時候就收不回嘍！

鬼且不知也——「西瓜偎小邊」之策

名句的誕生

張丐為齊見魯君。魯君曰：「齊王懼乎？」曰：「非臣所知也，臣來弔[1]足下。」魯君曰：「何弔？」曰：「君之謀[2]過矣。君不與勝者而與不勝者，何故也？」魯君曰：「子以齊楚為孰勝哉？」對曰：「鬼且不知也。」

～戰國策．齊策

完全讀懂名句

1. 弔：祭奠死者，或是慰問遭遇不幸的人。
2. 謀：計議、籌畫的意思。

語譯：張丐為齊威王遊說魯景公。景公問：「齊王怕了嗎？」張丐說：「這我不知道，我此行是來向君王行弔的。」景公：「弔什麼？」張丐：「國君的算盤打錯了。國君不和勝利一方結盟，卻和敗方結盟，是何道理？」（意謂與敗方結盟將致亡國）景公：「先生認為齊、楚哪一方會獲勝？」張丐說：「這件事連鬼也不知道。」

名句的故事

既然說「連鬼也不知道」，又憑什麼說魯景公「與敗方結盟」？

實情是，楚國動員伐齊國，而魯國派使節向楚王示好，齊威王為此煩惱。張丐向威王表示，他可以教魯國採取中立。

張丐的立論是，齊、楚都是強國，而且比魯國大很多，根本不在乎有沒有魯國的幫助，所以魯國的最佳策略，是先維持中立以保全實力，然後在兩個大國分出勝負，且都損兵折將之後，聯合戰敗一方（！），那時候才能收到最大效益。

所以，張丐的邏輯是曲線式的，要和戰敗一方結盟，結盟後就會成為勝方。重點則在於，魯國的實力太弱，如果及早表態，只會成為大國的馬前卒，必須等到兩個大國的力量都削弱之後，才有舉足輕重的分量。

同時，魯國位居齊楚之間，若依附大國，難保不會重演「唇亡齒寒」成語典故的前車之鑑，只有在戰後聯合戰敗國，才是長保國土完整的上策。這是「西瓜偎大邊」的逆思考，凡人都以為西瓜偎大邊可以沾較多利益，但國君不能如此思考。

歷久彌新說名句

三國時期的赤壁大戰，諸葛亮為劉備訂下的策略，就是聯合孫權對付曹操，而且讓東吳打主力，劉備則跟在後頭「割稻仔尾」，成功的拿到荊州這塊根據地，之後才有力量取得四川，成鼎足三分之勢，這也是「西瓜偎小邊」之策。

名句可以這樣用

《韓非子》中有一則故事，齊王問畫工：「畫什麼最難？」答：「畫犬馬最難。」問：「畫什麼最易？」答：「畫鬼最易。因為人都看過犬馬，畫不好很容易被看出來；但人都沒看過鬼，因此可以隨便畫。」

所以，我們說人家亂講一通是「鬼話連篇」，而張丐說「鬼也不知道」是最佳託辭，將魯景公的實質問題「哪一方會贏？」輕鬆推卸後，就開始鋪陳自己的論述，這是辯論技巧之一。

螻蟻得意焉——固本捨末之策

名句的誕生

君不聞大魚乎？網不能止，鉤不能牽，蕩而失水，則螻蟻得意[1]焉。今夫齊，亦君之水也。君長有齊陰[2]，奚以薛為？失齊，雖隆薛之城到於天，猶之無益也。

～戰國策·齊策

完全讀懂名句

1. 得意：得以對其肆意欺凌。
2. 陰：同「蔭」，庇蔭。

語譯：閣下沒聽說過大魚的處境嗎？（當牠在水中時）魚網抓牠不住，魚鉤釣牠不起，（可是一旦）不小心離開了水（擱淺在岸邊），屆時連螻蛄和螞蟻都可以欺負牠。如今的齊國就好比閣下的水，只要閣下能長保齊王的庇蔭，又何必需要薛？反之，萬一失去齊王信任，閣下縱使將薛的城牆建築得和天一樣高，也保護不了你呀！

名句的故事

靖郭君田嬰擔任齊國宰相，齊威王將薛地賞給他當封邑。靖郭君想要在薛築城，有一位賓客以上述比喻向他勸諫，於是靖郭君打消了築城的念頭。

這位賓客的寓意是，齊國才是「本」，薛只是「末」，勸靖郭君不要捨本逐末。這個比喻，後來果然應驗。

齊威王去世，齊宣王繼位，很多人對新王講田嬰的壞話，於是宣王罷免靖郭君的宰相職位，叫他回薛養老。

靖郭君門下一位賓客齊貌辨去見齊宣王，說：「楚國宰相昭陽君要求，以數倍面積的土地與靖郭君交換薛地，但是靖郭君認為，薛是先王所賜之地，而不肯答應。」齊宣王因而再迎回靖郭君，請他再擔任宰相，每三天都要向他請益一次。

歷久彌新說名句

靖郭君的兒子田文就是孟嘗君，繼承了老爸的封邑，也當上了齊國宰相。

孟嘗君有一次要派人去薛地收田租，他門下有食客三千人，其中一位馮驩，沒事就慨歎「食無魚」、「出無車」，孟嘗君都滿足了他，這次就派他去薛地收租。

馮驩到了薛，收到十萬錢地租，卻當眾將所有租地契約書一把火燒了，孟嘗君責問他，馮驩說：「我是為閣下收買民心啊！」

後來，孟嘗君不得志於齊，曾經到其他國家當宰相，最後再回到薛，稱薛公，並且「中立於諸侯，無所屬」，儼然是一個獨立小諸侯。他之所以能夠如此，就是因為有薛這個牢不可破的根據地——薛成了他的「本」，其他國家的宰相職位只是「末」了。當年馮驩燒租契，就是「固本」。

名句可以這樣用

我們不常用到「螻蟻得意焉」，但是常說「龍困淺灘遭蝦戲」，意思一樣。兩句相較，「龍」比「大魚」更有「由高處跌落」的感覺，「蝦」也更鮮活，整句也比較口語化且易懂；但大魚遭螻蟻侵食，情景較為不堪。

毛羽未豐不可以高飛

——度德量力的智慧

名句的誕生

秦王曰：「寡人聞之，毛羽不豐者不可以高飛，文章[1]不成者不可以誅[2]罰，道德不厚者不可以使民，政教不順者不可以煩大臣。今先生儼然不遠千里而庭教之，願以異日[3]。」

～戰國策・秦策

完全讀懂名句

1. 文章：此處指德行事功、禮樂法度。
2. 誅：懲治，懲罰。
3. 異日：他日，將來。

語譯：秦王說：「寡人聽說過：羽毛未豐滿的鳥兒不可以高飛，法令未完備的國家不可以刑治，德政未普及的君王無法令人民心服，政策不明確的君主無法讓大臣順利行政。如今先生不遠千里而來，鄭重其事的登庭指教，（我很感謝，但是）我想還是以後再說吧！」

名句的故事

戰國「第一策士」蘇秦留名青史的功績是「合縱抗秦」，其實他最初是去到秦國獻「連橫」之策，也就是這一幕。

當時的秦王是秦惠王，偏偏那時秦惠王剛剛誅殺了商鞅。秦國的內部形勢是，才經過「商鞅變法」的大改革，雖然因為實施了新的制度而強盛，但是既得利益集團大反撲，也就是才經過一番劇烈政爭，正在「陣痛期」。蘇秦的獻策因而未被採納（十次上書都不成功），錢也花光了，回到家裡，老婆不理他、嫂嫂不給他作飯、父母不跟他講話，後來他發憤鑽研《太公陰符經》，再度出發倡言合縱，終於「身佩六國相印」。

蘇秦的口才是好的，只是時機不對；秦惠王也是有企圖心的，只是時機不對。後來張儀向秦惠王獻連橫之策，就受到重用了。本故事的重點不在於蘇秦、張儀之「策」，而在於秦惠王做為一國領袖，先求安定再圖攘外的政治智慧。

歷久彌新說名句

漢高祖劉邦晚年寵愛戚夫人，曾經想要廢掉太子，改立戚夫人所生的趙王劉如意，但因大臣們一再反對而未成功。

呂后見兒子的地位岌岌可危，就向張良求計。張良為呂后獻策，用厚禮請出了「商山四皓」——這四位老者都已經八十多歲，學識品德受到關中人民敬仰，劉邦多次請他們出山都沒有請動。

有一天，劉邦大宴群臣，看見太子的身後站著商山四皓。宴會結束，劉邦回到後宮對戚夫人說：「太子羽翼已成，不能改立太子了。」

名句可以這樣用

鳥類憑藉羽翼而飛翔，君主憑藉大臣以治國。劉邦發現，不但大臣心向太子，連隱居不肯出山的道德之士也願意輔佐太子，太子的羽翼已經豐滿。不是劉邦不能廢太子，他若強行也沒什麼不可以，然而，自己好不容易打下來的江山，交給「羽翼已成」的太子，當然比交給「毛羽未豐」的趙王來得可靠，這是劉邦的智慧。

誹在己，譽在上

——重臣自保之策

名句的誕生

謂周文君曰：「國必有誹譽[1]，忠臣令誹在己，譽在上。……子罕釋相為司空，民非[2]子罕而善其君。……管仲故為三歸[3]之家，以掩桓公，非自傷於民也？」

～戰國策・東周策

完全讀懂名句

1. 誹譽：毀謗與稱讚。
2. 非：詆毀，以為不好。
3. 三歸：娶了三姓的女子。

語譯：有人對周文君說：「國內的輿論必然有所誹謗、有所讚譽，一個忠臣總是會設法讓誹謗加在自己身上，而讓讚譽加諸於國君。……宋國宰相子罕辭去宰相改任司空，宋國人民於是批評子罕而讚美宋平公。……齊國宰相管仲故意娶三妻九妾，以掩飾齊桓公（後宮七百佳麗）的過失，難道不是故意破壞自己在人民心目中的形象嗎？」

名句的故事

東周國君當時已不稱「王」而稱「君」。周文君將宰相工師藉免職，改任命呂倉，國人不滿意這項人事異動，因而有許多批評。周文君聽到輿論之後，有意再改回來，於是呂倉的一位賓客就對周文君舉了子罕與管仲的故事，以申明「大臣得譽非國家之福」，保住了呂倉的地位，也斷了工師藉復出之路。

歷久彌新說名句

大臣得人心為什麼不是國家之福?因為帝王專制政權「朕即國家」，大臣聲望太高「不是皇帝之福」。易言之，那位賓客所言深得忌刻君主之心，歷史上血跡斑斑，多的是君王忌諱大臣而下殺手。而「誹在己，譽在上」就成了重臣自保之道。

漢高祖劉邦帶兵在外平亂，多次派出使者查詢相國蕭何在幹什麼。事實上，蕭何一如過去輔佐劉邦打天下時期，安定後方百姓，盡責供輸軍需。於是有賓客勸蕭何：「您快要面臨滅族之禍了！您深得關中人心，反而會引起皇帝猜疑之心，您何不多買田產，污濁自己的名聲呢？」蕭何採納了他的建議，於是讓劉邦因而對他放心。

等到劉邦凱旋班師，關中老百姓攔路上書，控訴蕭相國強行以低價買了數千萬人民田宅。劉邦面帶笑容將人民的陳情書通通交給蕭何，說：「你自己去向人民謝罪吧！」

蕭何此時為民請命：「長安可耕之地太少，皇家上林苑還有很多空地閒置，請撥發人民耕種。」劉邦聞言大怒：「你一定是受了人家好處，才為他們請求我的林園！」將蕭何下獄，之後又赦免蕭何。

蕭何的建言，其實是「做球」給劉邦收買人心，應屬「誹在己，譽在上」的高段表現，偏偏遇到猜忌心極重的劉邦，還以為蕭何是為他自己收買人心，差點惹來橫禍。

名句可以這樣用

為老闆擔過失、功勞皆歸於老闆，不僅是官場，職場上也很好用。然而，一般人稍有骨氣者，「譽在上」比較容易做到，「誹在己」就比較困難一點。

其變不可勝數也

——雞蛋不放同一籃子之策

名句的誕生

夫國之所以不可恃者多，其變[1]不可勝數[3]也。或以政教不脩[3]，上下不輯[4]，而不可恃者；或有諸侯鄰國之虞，而不可恃者；或以年穀不登[5]，畜[6]積竭盡，而不可恃者。或化[7]於利，或比[8]於患，臣以此知國之不可必恃也。

～戰國策・魏策

完全讀懂名句

1. 變：變數。
2. 勝：詳盡。勝數：一一舉列。
3. 脩：同「修」。
4. 輯：同「集」。不輯：不團結。
5. 登：收穫（農作）。
6. 畜：同「蓄」。
7. 化：轉化。
8. 比：接近，用法同「比附」、「朋比」之比。

語譯：盟國不可以完全依恃的理由很多，因為他國的變數難以一一列舉。有的因為施政和教化（包括教育、司法、治安）搞不好，上下不團結，因此不可依恃它；有的因為外患而不可依恃它；有的因為凶年收成不好，國力衰竭（經濟垮了）而不可依恃它。因此，依恃盟國雖然可能讓我國的形勢較為有利，但也可能因為「靠錯邊」而引致禍患。臣因此知道不可以完全依賴盟國。

名句的故事

魏安釐王和楚國的春申君要好，因為有楚這個強大的盟國，於是不買秦國的帳，並且想要攻打韓國，反而迫使韓國靠向秦國。於是有人勸諫魏安釐王，並且舉過去的例子說明。

曹國依恃齊國而輕視晉國，結果晉國趁齊國對外用兵時，滅了曹國；繒國依恃齊國而抗拒越國，齊國內亂，越國趁機滅了繒國；鄭國依恃魏國而輕視韓國，韓國趁魏國北方邊患而滅了鄭國；原國依恃秦國而對晉國不禮貌，秦國有一年五穀歉收，晉國出兵滅了原國；中山國依恃齊、魏而不甩趙國，當齊、魏聯軍與楚國交戰時，趙國滅了中山國。這五國之所以滅亡，都是因為把「所有的雞蛋全放在同一個籃子裡」（以盟國為唯一靠山），於是，當它們的靠山自顧不暇時，禍患就臨頭了。

歷久彌新說名句

小國的策略是在大國的夾縫中求生存，小國的悲哀是被迫在夾縫中表態。其實，前述的五小國是被迫表態下的犧牲品，但魏國並不小，卻一直想聯合強國、欺凌弱國，那可是會惹火上身的！

歷史上的宋朝是另一面鏡子，它聯合金國對抗遼國，又聯合蒙古對抗金國，最後滅亡於蒙古元朝。所以，自己不求自強，只曉得援引強國，等到強國分出勝負，盟友也會成為敵人！

名句可以這樣用

強盛的盟國尚有「不可勝數之變數」，小國若自己政教不修、朝野不團結、經濟搞不好，不等盟國生變，自己就先垮了，那才是「其蠢不可勝數」哩！

前事不忘，後事之師
——辭官自保之策

名句的誕生

張孟談對[1]曰：「君之所言，成功之美[2]也，臣之所謂，持[3]國之道也。臣觀成事[4]、聞往古，天下之美同，臣主之權均之而能美，未之有也。前事之不忘，後事之師。君若弗圖，則臣力不足。」愴然[5]有決[6]色，襄子去[7]之。

~戰國策・趙策

完全讀懂名句

1. 對：居下位者回答上位者。
2. 美：完美。
3. 持：維持。
4. 成事：過去的事例。用法同「成衣」、「成屋」之「成」。
5. 愴然：神色悲戚。
6. 決：同「訣」。
7. 去：撤職。

語譯：張孟談回奏（趙襄子）：「主君說的是成功之後的完美結局，我說的是維持國家安定的道理。我熟讀古時候的史實，知道天下事能有完美結局，必遵循一定的法則，而君臣分權卻仍能完美，則從未發生過。記取過去的經驗，可以作為未來的指導。主君若不接受我的請求，那是我未盡（勸諫之）責任。」他的神情悲戚而辭意甚堅，趙襄子只好答應他辭職。

名句的故事

張孟談為趙襄子立下大功（故事見「出君之口，入臣之耳」）以後，對自己的功勞太大感到不安，就向趙襄子請辭。趙襄子當然不答應，對他說「功大者身（地位）尊」是應該的，只要忠誠為國就不必太多心。但張孟談仍然堅持退隱，而且不要封邑，親自在鄉下耕田為生。

過了三年，韓、魏、齊、楚聯合起來對付趙國，趙襄子遇到危機，趕快去請教張孟談。這一次，張孟談讓趙襄子背著劍為張孟談駕車，將他「迎」回京城，並且下令朝中大夫一律聽命於張孟談。

張孟談復出執政，他的威名使得諸侯暫時不敢輕舉妄動。然後，他把妻子送去楚國、長子送去韓國、次子送去魏國、幼子送去齊國當人質，這一招使得四國相互懷疑，原先的聯盟也因此瓦解。

歷久彌新說名句

功高震主是人臣最大的危機所在，尤其是當臣子輔佐的是一位猜忌心很重的君王時，隨時都會有不測之威降臨。

歷史上有太多誅殺功臣的皇帝，當然就有更多至死不悟的冤死功臣，但也有很多像張孟談這種懂得自保的機警角色。可以舉幾個例子，勾踐殺文種，但范蠡就懂得帶著西施遠走從商；劉邦殺韓信，但張良就懂得修道求仙不食人間煙火；朱元璋殺得最多，徐達、藍玉、李善長、胡惟庸，甚至沈萬三，但劉伯溫就懂得辭官還鄉，每天只喝酒下棋，不問世事。

名句可以這樣用

只有明白「伴君如伴虎」，並且曉得「狡兔死，走狗烹」，才能棄榮華富貴而長保身家性命，也才當得起「前事不忘，後事之師」。

狡兔三窟，高枕無憂

——三重保險之策

名句的誕生

馮諼[1]曰：「狡兔有三窟，僅得免其死耳。今君有一窟，未得高枕而臥也，請為君復鑿二窟。」……還報孟嘗君曰：「三窟已就，君姑高枕為樂矣。」孟嘗君為相數十年，無纖介[2]之禍者，馮諼之計也。

～戰國策・齊策

完全讀懂名句

1. 馮諼：人名，《史記》作馮驩。
2. 纖介：形容極其細微。

語譯：馮諼（對孟嘗君）說：「狡猾的兔子有三個（洞窟），才能免於一死（避開掠食者）。如今閣下只有一窟，還不能墊高枕頭安心睡眠（災禍還不能完全避免），我自願為閣下再挖兩個窟。」……（任務完成後）回報孟嘗君：「三窟已經都挖好了，閣下可以睡在高枕上享受安樂了。」

孟嘗君又做了幾十年宰相，完全沒有受到絲毫災禍，都是馮諼的計謀成功。

名句的故事

馮諼為孟嘗君「市義」的故事，請參考「螻蟻得意焉」一文。由於薛地老百姓感念孟嘗君的恩德，所以，當孟嘗君從齊國宰相的位子下台，回到封邑薛地時，受到老百姓熱情歡迎，孟嘗君這才體會到馮諼為他買回的「義」是什麼，而馮諼繼續向孟嘗君獻策再挖「二窟」。

馮諼去見梁（魏）惠王，說服梁惠王重金禮聘孟嘗君去魏國擔任宰相。齊湣王聽說了，就派太傅帶了黃金千斤、四馬花車二輛、寶劍一把，再加一封信函，敦請孟嘗君回朝擔任宰相，這是第二「窟」。

馮諼再建議孟嘗君，乘此機會向齊王爭取，將先王的祭器移到薛地建立宗廟，如此則齊國將不會攻打薛，以免殃及宗廟，這是第三「窟」。

根據地盤人民支持，在危急時有地方可逃；外國欲挖角，可保國君禮遇；國家宗廟建在自己封邑中，以後即使國君換人，也不怕被攻打。有此三窟，才能長保高枕無憂。

歷久彌新說名句

商鞅為秦孝公變法圖強，不惜對太子的師傅動刑，得罪了「太子黨」。後來孝公去世，太子即位為秦惠文王，下令治商鞅的罪。商鞅逃出國境，進入魏國，魏國對他記恨而不接納，商鞅只好逃回封邑「商」，帶領家臣負隅頑抗，不敵被俘，慘遭車裂之刑。

商鞅只有「一窟」，沒有外國聲援，也沒有宗廟庇護，因而下場悲慘。商鞅比孟嘗君大約早五、六十年，馮諼很可能是汲取了這個歷史借鑑，才向孟嘗君獻此良策。

名句可以這樣用

新聞上常見「某要犯狡兔三窟，司法單位緝拿不得」，用法沒有錯。但是逃犯畢竟不能高枕無憂，比起馮諼的布局，相差不可以道里計。為避禍而布置三窟，當然不及有了三窟而能「無纖介之禍」。

三戰三勝而國危

——小國不可好戰之說

名句的誕生

齊與魯三戰而魯三勝，國以危，亡隨其後，雖有勝名而有亡之實，是何故也？齊大而魯小。秦趙戰於河漳之上，再戰而再勝秦；戰於番吾之下，再戰而再勝秦。四戰之後，趙亡卒數十萬，邯鄲[1]僅存。雖有勝秦之名，而國破矣！是何故也？秦強而趙弱也。

~戰國策・齊策

完全讀懂名句

1. 邯鄲：地名，在今河北省西南部，與河南省交界處。

語譯：齊國和魯國交戰三次，魯國三次都戰勝，但國家因而陷入危境，最後導致亡國。魯國雖然擁有戰勝的虛名，卻得到亡國的命運，是什麼道理？只因為齊國大而魯國小。

秦國和趙國在漳水北邊交戰，趙國連贏兩次戰役；又在番吾南方交手，趙國又連贏兩場。但是四場戰役之後，趙國陣亡數十萬軍隊，只能勉強保住都城邯鄲而已，雖有戰勝之名，國力卻大幅削弱。這又是什麼道理？因為秦國強而趙弱啊！

名句的故事

這是張儀為秦王向諸侯遊說「連橫」過程中，對齊宣王的說服點。《戰國策》此則之前一則，是蘇秦遊說齊王「合縱」，兩者中間相差二十二年，齊王都是齊宣王，可是國際形勢的消長卻已起了很大變化。

蘇秦遊說「合縱」成功，張儀遊說「連橫」也成功，齊宣王稱得上是一位有為國君，為何前後不一？原因就在於秦國持續強盛，而抗秦主力的趙國雖名將輩出，卻因連年征戰而國力大損。同時期，秦楚聯姻交好，韓趙魏「三晉」也向秦割地求和，齊國雖然遠在東方，宣王仍接受了張儀的遊說，向秦國獻地示好。

歷久彌新說名句

又三十年之後，秦國攻打趙國。趙國當時已經窮於應付秦國的持續攻擊，於是請蘇子向秦王遊說。蘇子向秦王說：「趙國已經國力耗盡，僅有保住邯鄲之力而已，這樣的國家，即使得到也不具長期利益。常言道：『戰勝卻反而使國家陷入危境，是由於戰爭不斷而物力不停消耗。』所以，軍事負擔太重的話，對秦國並不有利。」

秦王採納了他的意見，休兵二十九年。這中間，中原諸侯仍相互爭戰不休，最終給了秦國蠶食鯨吞的條件。

名句可以這樣用

「戰勝而國危」對好戰的小國是苦口婆心，對於強國又何嘗不然？對國家領導人更是無上警語。孟子說：「善戰者服上刑，連諸侯（糾合結盟）者次之。」（《孟子．離婁上》）勇敢善戰的名將和舌粲蓮花的主戰派，在以民為本的孟子眼中，是老百姓最大的罪人。因為，數十百年累積的經濟成果，可以因為一場戰爭而化為灰燼，即使打勝仗，人民也慘了。

俟河之清，人壽幾何？

——以小事大策略之辯

名句的誕生

楚子囊[1]伐鄭，討其侵蔡也。子駟、子國、子耳欲從楚，子孔、子蟜、子展[2]欲待晉。子駟曰：「周詩有之曰：『俟河之清[3]，人壽幾何？兆云詢多[4]，職競作羅[5]』，謀之多族[6]，民之多違[7]，事滋[8]無成，民急矣，姑從楚以紓吾民，晉師至，吾又從之。」

～左傳．襄公八年（子展子駟議從楚）

完全讀懂名句

1. 子囊：楚國令尹。
2. 子駟、子國、子耳、子孔、子蟜、子展：此六人皆鄭國公子，三人主張屈服於楚，而另三人主張等待晉軍救援。
3. 俟河之清：傳言黃河五百年一清，屆時將有聖人出世。
4. 兆：占卜之結果。詢：意見。兆云詢多：占卜結果解釋不一，各種意見又多。
5. 職：原因。羅：羅網。職競作羅：大家競相彼此刁難是一事無成的原因。
6. 謀之多族：鄭國有影響力的宗族太多。
7. 違：違背。人民各擁其主，必然相違背。
8. 滋：益發。

語譯：楚國子囊率軍攻鄭，因為鄭國侵犯蔡國（蔡國受楚國保護，鄭受晉保護）。鄭國公子分成二派，一派主張向楚屈服，一派主張堅守以等待晉軍來援。子駟（主張屈服）說：「周詩有四句：『要想等待黃河清、聖人出，人的壽命有多長呢？占卜的解釋和各種意見紛雜不一，大家又彼此刁難』，鄭國的宗族世家太多，人民各擁其主，互相違背，事情就益發不能決斷。現在人民的生命危急，不如姑且向楚國表示順服，以紓解危機，等晉軍到來，我們再歸順晉軍。」

名句的故事

子駟的「小國之道」是：準備好財帛禮物在兩個大國的邊境，看哪一方比較優勢，就「西瓜偎大邊」，只要不危害人民就好。

子展的「以小事大之道」是：要守信用，鄭國和晉國曾經五度會盟，如果「小國無信」，就會「兵亂日至，亡無日矣」。

鄭穆公拿不定主意，在兩人相繼發言之後，派子駟去和楚國和解，派大夫伯駢去向晉國報告「不得不和」的苦衷。但是晉國並不體諒，隔年，晉國進攻鄭國。

歷久彌新說名句

兩大之間難為小，做為兩個超強夾縫中的小國，表態則有一方不高興，不表態則兩方都會得罪，但是更糟的決策是忽左忽右——牆頭草和西瓜偎大邊都只會招來更多戰亂（兵亂日至）。

尤其，鄭國這一次的危機是自找的。子國和子耳率軍侵犯蔡國，以討好晉國，等到楚軍來攻，主張順服的也是他們！

鄭國在春秋初期一度強盛，但是小國而好戰必引致衰弱，以後依附大國又忽晉忽楚，連年戰爭的結果，終不免於亡國。

名句可以這樣用

人壽等不到河清，小國等不到援軍。可是若自己去招惹凶神惡煞，壽命又能維持多久呢？同理，小國好戰又豈能維持國祚？

立德立功立言
——三不朽之論辯

名句的誕生

豹[1]聞之，大上[2]有立德，其次有立功，其次有立言。雖久不廢，此之謂不朽。若夫保姓受氏[3]，以守宗祊[4]，世不絕祀，無國無之。祿之大者，不可謂不朽。

～左傳．襄公二十四年（叔孫豹論三不朽）

完全讀懂名句

1. 豹：叔孫豹，魯國大夫。
2. 大上：至高無上。
3. 受氏：承繼祖先姓氏。
4. 祊：廟門。

語譯：（叔孫豹說）我所知道的是：至高無上者，仁德及於後世；其次是功績及於後世；再其次是學說傳及後世。即使人死了，他的德澤、功業、學問仍然影響久遠，這才稱得上是「不朽」。如果只是承繼了祖先的姓氏，保住宗廟香火世世不絕，哪個國家沒有這種世族？所以說，官做得大，宗族顯耀，稱不上是「不朽」。

名句的故事

叔孫豹出使晉國，晉國大夫范宣子問他：「古人有所謂『死而不朽』，是什麼意思？」叔孫豹還來不及回答，范宣子接著就說：「我的祖先，在舜之前是陶唐氏，在夏朝是御龍氏，在商朝是豕韋氏，在周朝是唐杜氏，如今晉國為中原盟主，我的家族是范氏。像我們家族這樣代代顯赫，可以稱得上不朽了吧！」

范宣子向叔孫豹炫耀家世，有其心理因素。魯國因為是周公的後代，一向以周禮繼承人自居，常有諸侯國君向魯國「問禮」，也就是魯國有「解釋禮法」的特權。

晉國當時是諸侯盟主，已經不把周天子放在眼裡，范宣子是晉國六卿之一，當然不把周公後代放在眼裡，於是有如此言論——孰料卻碰了一鼻子灰，自取其辱。

歷久彌新說名句

「三不朽」立德、立功、立言，有其中之一，就足以流芳百世了，史上很少有人三者俱備。

清朝中興名臣曾國藩死了以後，有一副對聯，稱他：「立德立功立言三不朽，為師為將為相一完人。」曾國藩的確在三方面都有他的成就，當得起這份讚譽。

南北朝時，北方有一個胡夏國，皇帝是赫連勃勃，暴虐無常。文武官員膽敢側眼看他，鑿出眼珠；隨便發笑，割開嘴唇；進言勸諫，轉下人頭。

胡夏後來亡於北魏，北魏武帝拓跋燾攻陷胡夏首都統萬城後，看到一方碑文，對赫連勃勃歌功頌德，達到令人噁心的程度，大怒，要追究是哪個馬屁精寫的。（此事後來不了了之。）

這是無德、無功，卻企圖將文字刻在石碑上以求「不朽」的極端負面示範。

名句可以這樣用

歌功頌德可以，但必須真的有立功、立德，否則再漂亮的馬屁文章，也無法立言，更不必提「死而不朽」了。

戰國策100
處事應對之策

言者異，則人心變

——以退為進的遊說之策

名句的誕生

故其言一也，言者異，則人心變[1]矣。今臣新[2]從秦來，而言勿與，則非計[3]也；言與之，則恐王以臣之為秦也，故不敢對。使臣得為王計之，不如予之。

～戰國策．趙策

完全讀懂名句

1. 人心變：隨發言者身分、立場不同，而聽者接收到的訊息也不同。
2. 新：剛剛。
3. 計：謀畫。非計：不是好的建議。

語譯：因此，說出來的話語內容雖然一樣，卻因發言者的身分、立場不同，而聽者接收到的訊息隨之不同。如今，臣剛從秦國回來，如果我說不給（秦國六城），那不是好的建議；如果說給他，又怕大王誤會我傾向秦國，所以我不敢回答。如果一定要我說，我認為應該給他。

名句的故事

戰國時代重要戰役之一的「長平之役」，秦軍大破趙軍，坑殺趙卒四十萬人，然後引兵而歸，向趙國索取六座城池，以為媾和條件。

趙孝成王徵詢大夫樓緩的意見，樓緩迴避不答，趙王非要他表示意見，樓緩就說了一個故事：公甫文伯在魯國做官，生病過世，家中妻妾有十六人為他自殺，但是他的母親接到消息卻不哭。有人問：「哪有兒子死了卻不哭的母親呢？」母親說：「孔子被魯國放逐時，這小子（指文伯）不追隨賢人，如今死了，卻有十六位婦女為他自殺。這小子想必是對長者薄，而待女子厚吧！」

樓緩的引申是：上述同一番話，出自母親之口，是一位聖母；但若出自妻妾之口，就是妒婦（嫉妒有十六人為他自殺）。所以，言者異，而人心變矣！

事實上，樓緩正是「親秦派」，只不過耍了一記「以退為進」手法，先消除趙王對他的疑慮。

之後，趙王反覆徵詢樓緩與虞卿（親齊派）的意見，形同一場沒有面對面的辯論。最後，孝成王採納了虞卿的意見，答應割五座城給齊國，結成同盟，併力抗秦。於是派虞卿出使齊國，而秦國使節很快就到了趙國（趕緊拉攏），樓緩則逃到秦國。

歷久彌新說名句

樓緩和虞卿的辯論，正是一場小國對強鄰的政策路線經典辯論。

虞卿基本上認為，秦軍雖大勝，但已經氣力放盡，才會收兵撤圍。若再割給他六城，正是「資敵」，而且中了秦國「假講和、真休養」之計，明年一定會再來進攻。所以必須盡快與齊國結盟才是正途。

樓緩則認為，以前秦晉交好，如今韓趙魏三家分晉以後，秦國與韓、魏和好，卻只攻趙，是因為趙國的「善意」比不上韓、魏，長此以往，趙國必敗無疑。所以應該與秦國講和，締結和平條約（割地）。

兩人都對、都不對。秦晉交好是因為兩個大國相匹敵，三晉受秦威脅是因為不團結、被分化。如果韓趙魏攻守同盟、三家一心，齊、楚自然加入「合縱」陣營，秦國自然來示好。如果都得靠割地求援，即使度得過今天，也度不過明天。

普天之下，莫非王土；率土之濱，莫非王臣

——政治正確以脫罪之策

名句的誕生

臣少而誦《詩[1]》，詩曰：「普天之下，莫非王土；率土之濱[2]，莫非王臣。」今周君[3]天下，則我天子之臣，而又為客哉？故曰主人。

～戰國策・東周策

完全讀懂名句

1. 詩：詩經。
2. 率：自。濱：海邊。率土之濱：古人相信「神州」四周皆大海，率土之濱猶言「四海之內」，自外包內的全部土地。
3. 君：動詞，同「君臨天下」之義。

語譯：我自幼熟讀《詩經》，《詩經》中說：「全天下都是天子的土地，國境之內都是天子的臣民。」如今周天子君臨天下，那我當然是天子的臣民，怎能說是客人（外人）呢？所以說我是主人。

名句的故事

事實上，當時周王室不但已經不能君臨天下，甚至內部分裂成東周與西周，改稱「周君」而不再是「周天子」。一位溫城（西周境內）人去到東周，被逮捕，問他是否「客人」，他自稱主人，並且提出前述說法，正中東周君仍然幻想「君臨天下」的心坎，於是被釋放了。

歷久彌新說名句

沒有君臨天下的實力，卻妄想君臨天下，這種人常常見到，而且最喜歡別人給他戴高帽子。

五代十國是個分裂年代，割據一方卻稱孤道寡者比比皆是。有一位當代高僧貫休歷遊各國，觀察比較各國君主（軍閥），他聽說吳越王錢鏐喜歡下圍棋，就獻了一首詩，請求晉見並對弈一局，詩中有二句：「滿堂綺麗三千客，一劍霜寒十四州。」錢鏐看了很喜歡，卻傳旨要貫休將詩句中「十四州」改為「四十州」，然後才准他晉見、對弈。

貫休對來人說：「州難添，詩亦難改。我閒雲野鶴，何天不可飛？」最後貫休到了四川，受到蜀王王建的禮遇。

錢鏐就是幻想君臨天下的典型，自己只有十四州，詩句改成「四十州」聽聽也過癮。這和那位「溫人」口稱周天子，就能免於「非法入境」之罪，是同一道理——拍馬屁就是政治正確。

名句可以這樣用

「普天之下，莫非王土；率土之濱，莫非王臣」一直被用作謳歌專制君王之辭。但是，《詩經．北山》的原意卻是一種民怨：

「全天下都是君王的土地，土地上都是君王的臣民，但是執政大夫不公平，唯獨我特別辛苦；……有的人在家中床上休息，有的人卻奔走不停；有的人飲酒享樂，有的人辛苦終日還擔心獲罪……。」

天下事不患寡而患不均，施政不公平卻期待四海歸心，而且只愛聽政治正確（多數是馬屁）的言論，那豈不是緣木求魚？

勝而不驕，約而不忿

——善始且能善終之策

名句的誕生

臣竊惑王之輕齊易[1]楚而卑畜[2]韓也。臣聞，王兵[3]勝而不驕，伯主[4]約[5]而不忿。勝而不驕，故能服世；約而不忿，故能從鄰[6]。今王廣德魏、趙而輕失齊，驕也；戰勝宜陽，不恤楚交，忿也。驕忿非伯主之業也，臣竊為大王慮之而不取[7]也。

～戰國策・秦策

完全讀懂名句

1. 輕、易：皆「輕忽」之意。
2. 卑畜：視同奴僕。
3. 王兵：王者之軍隊。
4. 伯：同「霸」。伯主：霸者之國君。
5. 約：戰敗。
6. 從鄰：睦鄰。
7. 不取：不贊成，不認同。

語譯：臣私下對大王「輕忽齊、楚而欺侮韓」的策略感到不解。俗話說，只有王者的軍隊能夠戰勝而不驕傲，只有霸主能戰敗而不惱怒。勝而不驕才能讓世人服氣；敗而不惱怒才能與鄰國和睦交往。如今大王看重魏、趙而輕視齊國，就是驕傲的表現；在宜陽（韓）戰役勝利之後，就不願對楚外交，是惱怒的表現。驕傲和惱怒都不能建立霸業，我私下為大王憂慮而無法認同這種作法。

名句的故事

這一則故事是「有人對秦王說」。說的人是誰？一說是孟子的學生，一說是楚春申君黃歇；說的對象是誰？秦武王、秦昭王、秦始皇，都各有說法。

其實，考據並不重要，因為戰國的形勢雖然天天在變，但是秦國的戰略基本上沒有太大變化，幾乎每一位秦王都會有一段期間面對類似情況。

重點在於「策」的道理：一時的得失對霸主之業的影響小，而國君的心態才是決定因素。《戰國策》中相似的三「策」都舉了吳王夫差的例子，他最初將越王勾踐圍困在會稽山，之後在艾陵戰勝齊國，在黃池大會諸侯（擔任盟主），可是最終被越王勾踐俘虜並殺死。其原因都在於「善始而不慎終」，好比下圍棋，布局和中盤占了優勢，若因此而起了驕敵和輕敵之心，會在官子階段輸掉。尤其若因一著下錯而懊惱，不能收攝心神，思考反擊之法，終將「一著錯，滿盤輸」。

歷久彌新說名句

唐代詩人杜牧〈詠烏江亭〉：「勝敗兵家事不期，包羞忍恥是男兒；江東子弟多才俊，卷土重來未可知。」道破項羽為何敗給劉邦的關鍵，項羽因「未嘗敗績」而生驕敵、輕敵之心，又因一戰之敗（垓下）不能忍而自刎，其實輸在EQ太低！

名句可以這樣用

我們今日多用「勝不驕，敗不餒」期許運動精神。但若比較「敗不餒」與「約而不忿」，失敗了不氣餒固然可佩，但輸了一次而能夠忍住惱怒，不做孤注一擲的反撲（輸了，就全軍覆沒），則是「留得青山在，不怕沒柴燒」的高EQ表現。

前倨而後卑

——潛心研究而成大功之策

名句的誕生

蘇秦曰：「嫂，何前倨[1]而後卑[2]也？」嫂曰：「以季子[3]之位尊而多金。」蘇秦曰：「嗟乎！貧窮則父母不子，富貴則親戚畏懼。人生世上，勢位富貴，蓋可忽乎哉！」

～戰國策．秦策

完全讀懂名句

1. 倨：傲慢。
2. 卑：謙恭，自甘於下。
3. 季子：弟弟。

語譯：蘇秦說：「嫂嫂，為何以前對我態度傲慢，而今天卻謙恭有禮？」嫂嫂說：「因為弟弟你如今地位崇高且有錢啊！」

蘇秦說：「唉！人貧窮時，連父母都不把他當兒子；人富貴時，所有親戚都對他敬畏有加。可見人活在世間，權勢、地位、富貴，怎麼能夠輕忽呢？」（怎麼可以不追求權勢、地位、富貴？）

名句的故事

戰國時代第一名的縱橫家蘇秦，最初前往秦國求發展，上書秦惠王十次，都未獲下文。黑貂皮的大衣也穿壞了，黃金百斤的資金也耗盡了（遊說諸侯必須花錢打通門路），穿著草鞋、挑著行囊、形容枯槁的回家。

回到家裡，妻子繼續織布不理他，嫂嫂不給

作飯，連父母親都不跟他說話。於是他立志發憤，從書箱中找出「太公陰符經」，潛心研究一年後，再出發遊說諸侯，終於身佩六國相印。

這一次順道回家，父母親趕緊為他清理房間、打掃道路，雇用樂隊、備妥酒席，到三十里外迎接；妻子對他側目而視（不敢正眼看）、側耳而聽；嫂嫂匍匐跪拜請罪。於是有前述之對話。

歷久彌新說名句

明太祖朱元璋在和方國珍作戰期間，一次路過浙江括蒼山清風寺，入寺討一碗山泉水喝，廟裡住持見來人相貌不凡，一再請教姓名，朱元璋不耐煩，在牆壁上寫了四句詩：「殺盡江南百萬兵，腰間寶劍血猶腥；山僧不識英雄主，兀自嘵嘵問姓名。」寫完，扔下筆就走。

廟裡和尚也火大朱元璋無禮，用水將牆上詩句洗去。孰料，三個月後，朱元璋平定方國珍班師，刻意回到清風寺，這下子寺裡和尚慌了，住持急中生智，在原題詩處旁邊寫了四句詩。等到朱元璋去看時，只見那四句是：「御筆題詩不敢留，留後深怕鬼神愁；故將法水輕輕洗，猶有神光射斗牛。」朱元璋見詩，龍心大悅，賜字改寺名為「黃龍寺」。

寺僧「前倨」是因為不認識朱元璋，膽敢洗掉是一時火大，且天下鹿死誰手尚未知，等到朱元璋再來，趕緊補四句「後恭」，才免了殺身之禍。

名句可以這樣用

我們現在多用「前倨後恭」來形容一個人的態度由傲慢到謙恭，前後一百八十度轉變。而蘇秦最後的感嘆，又可做為「大丈夫不可一日無權」的典故。同時，正因為人情冷暖如此，多少可體會那些戀棧權位人的心情。（體會但並不諒解！）

烏集烏飛，兔興馬逝

——拉高難度以阻止事情發生之策

名句的誕生

夫鼎者，非效醯壺醬甀[1]耳，可懷挾提挈[2]以至齊者；非效烏集烏飛，兔興馬逝[3]，灕然[4]可至於齊者。昔周之代殷，得九鼎，凡一鼎而九萬人輓[5]之，九九八十一萬人，士卒師徒，器械被具，所以備者稱[6]此。今大王縱有其人，何塗[7]之從而出？

～戰國策．東周策

完全讀懂名句

1. 醯：音ㄒㄧ，xī，醋。甀：音ㄆㄡˇ，pǒu，罐。醯壺醬甀：醋瓶子與醬罐子。
2. 懷挾提挈：揣在懷中、拎在手中。
3. 興：竄出。逝：疾馳而過。兔興馬逝：如兔子竄出、馬匹奔馳般快速。
4. 灕然：形容通暢無阻的樣子。
5. 輓：同「挽」，拉。
6. 稱：用法同「相稱」之稱，意指諸事齊備才搬得動九鼎。
7. 塗：同「途」，路徑。

語譯：鼎這東西，不是像醋瓶子、醬罐子那樣，可以揣在懷中、拎在手中，輕易帶到齊國；也不像群鳥聚集、烏鴉飛翔，或兔子急竄、駿馬飛奔那樣，可以迅速直達齊國。當年周朝取代商朝，獲得九鼎，（由朝歌搬到鎬京）一個鼎得動用九萬工人來拉，九個鼎得動員八十一萬人，外加必要的工具和後勤補給，才能搬運九鼎。如今大王即使有這個人力、物力，還有一個問題：該走哪一條路到達齊國？

名句的故事

秦國派出軍隊向周赧王索取九鼎，周大夫顏率向齊威王求援，說：「九鼎與其給秦，不如給齊。」於是齊國發兵五萬人，解了周天子之圍。事後，齊國向周天子要求九鼎，顏率這回對齊威王說了前述那一番話，並指出：「魏國、楚國都想要九鼎，若經過這二國，將不可能再到達齊國了。」

齊威王說：「閣下來了兩次，其實根本沒誠意嘛！」顏率說：「我不敢欺騙大國，請大王盡速決定搬運路徑，九鼎隨時待命。」

歷久彌新說名句

楚莊王討伐戎族之後，將大軍開到周天子的王畿附近耀武揚威。周定王派大夫王孫滿去勞軍，楚莊王問王孫滿，九鼎的大小輕重（也就是衡量需多少人力搬運，有示威之意）。王孫滿回答：「掌握天下，重點『在德不在鼎』，大禹鑄九鼎是承天命，他的子孫夏桀失德，九鼎就到了商的手中，商紂失德，九鼎又到周的手中。所以，九鼎的輕重，不是你可以問的。」

春秋時，周王室已經中衰，但楚莊王仍只敢迂迴「問鼎」；到了戰國，秦王，根本是大軍壓境索取，齊王則是催促「討債」，周王室則淪落到只敢「賴帳」，不敢直接回絕矣！

名句可以這樣用

現代人愈來愈少以動物來比喻速度，因為機械力比獸力更快、更強。但「問鼎」仍然是爭取政權的代號，而「在德不在鼎」也仍是至理名言。

同欲者相憎，同憂者相親

——加深對手陣營內部矛盾之策

名句的誕生

張登曰：「今君召中山[1]，與之遇[2]而許之王，中山必喜而絕[3]趙、魏。趙、魏怒而攻中山，中山急而為君難其王，則中山必恐，為君廢王事齊。」張丑曰：「不可。臣聞之，同欲者相憎，同憂者相親。今五國相與王也，負海[4]不與焉。此是欲皆在為王，而憂在負海。……致中山而塞[5]四國，四國寒心，必先與之王而故親之，是君臨[6]中山而失四國也。」

～戰國策・中山策

完全讀懂名句

1. 中山：春秋戰國諸侯之一。
2. 遇：禮遇。
3. 絕：斷絕往來。
4. 負：背靠。負海：齊國背大海而向中原，故自稱負海。這是當時戰略思考下產生的名詞。
5. 塞：隔離。
6. 臨：上對下。

語譯：張登對齊國宰相田嬰說：「閣下將中山君請來，禮遇之，並答應承認他為王，中山國必定歡喜而與趙、魏斷交。趙、魏火大而攻擊中山，中山君曉得閣下本來就不願他稱王，將因此自動廢掉王號，而向齊國靠攏。」張丑說：「此計不通。常言道：欲望相同的人互相憎恨，憂患相同的人互相親近。如今五國一同稱王，而齊國未參與。他們共同的欲望是稱王（理當相憎才對），而共同的憂患是齊國（因此才聯合）。……單獨召見中山而撇開另四國，將使四國為之心寒，一定會先支持中山君稱王，並且刻意與中山國親近。這樣將使閣下因為讓中山國臣服，反而加深了與四國的嫌隙。」

名句的故事

這個故事的時代背景是有名的「五國相王」：魏、趙、燕、韓、中山五國一齊相互承認對方的「王號」。

西周時，只有周天子可以稱王，周室東遷之後，王室式微，而諸侯的國勢也發生了很大的消長，最初周武王（周公）所封的公、侯、伯、子、男五等爵位，完全不能和幾番消長後的國力相稱。南方的子爵之國楚國最先在春秋時稱「王」，因而被中原諸侯視為僭越。進入戰國時代，魏（梁）惠王最先和齊威王互相承認對方王號，之後秦惠王、韓宣王先後稱王。

本故事是魏國大將犀首邀約五國建立「合縱」之盟，以對抗秦、齊的「連橫」，同時互相承認。

秦、齊一在西、一在東，故稱「連橫」，中間的五國乃稱「合縱」，但力量相對弱。因此，後來的合縱盟約非聯合南方強國楚不能成功。

齊王不樂見五國稱王（同欲相憎），於是就其中最弱小的中山國，而對趙、魏說：「寡人羞與中山並列為王，我們一同滅了中山國吧！」中山君大為恐慌，就派張登去遊說齊國宰相田嬰（即靖郭君，孟嘗君之父）。田嬰的家臣張丑對張登的說辭提出反對看法，可是田嬰仍然採納了張登的建議，答應中山君稱王。

張登於是再往趙、魏遊說：「齊王原本羞與中山並列，如今卻將答應中山稱王，必然是想要中山為他打先鋒，貴二國何不搶先承認中山王？」果然，趙、魏先承認中山王，而中山國遂加入「合縱國」，對抗秦、齊「連橫」。

歷久彌新說名句

三國時，劉備得了益州與漢中，自己封為「漢中王」。當時的情況已是天下三分，但漢天子仍在，曹操挾天子以令諸侯的戰略事實上已完成階段性任務，可是曹操自詡為周公，不想篡位，但對劉備稱王大為「憎惡」。同樣的道理，孫權的心裡也是癢癢的，但卻沒膽子稱王（同欲相憎）。

於是，曹操假天子之詔，要求孫權出兵討伐僭越稱王的劉備。但是，孫權心底明白，東吳和蜀漢得以生存，全靠兩家合作抵抗曹魏（同憂相親），所以虛辭敷衍曹操，答應「配合出兵」，由曹操先派兵攻打襄樊。結果，曹軍被關羽「水淹七軍」，孫權暗叫：「好險，沒中計！」

名句可以這樣用

「同欲相憎」是對手陣營內部矛盾的本質，可是若另有一方趁機插手其間，或見縫插針被識破，原本敵對的雙方反而會轉為「同憂相親」。國際間的合縱連橫，經常就在相憎與相親之間，變化擺盪。

一國三公，吾誰適從

——有見地無作為之鑑

名句的誕生

晉侯[1]使士蔿[2]為二公子築蒲與屈，不慎[3]，寘薪[4]焉。夷吾[5]訴之，公使讓[6]之。士蔿稽首而對曰：「……君其脩德而固宗子[7]，何城如[8]之？三年將尋師[9]焉，焉用慎？」退而賦曰：「一國三公，吾誰適從[10]？」

～左傳・僖公五年（士蔿築城不慎）

完全讀懂名句

1. 晉侯：晉獻公。
2. 士蔿：人名，晉國大夫。
3. 慎：堅固。不慎：不堅固。
4. 寘：音ㄓˋ，zhì，填。寘薪：古時築城用土，添加少量樹枝以為筋，士蔿築城加了過多的薪材，所以城牆不堅固。
5. 夷吾：晉獻公第三子。
6. 讓：責備。使讓：派使節譴責。
7. 宗子：嫡生兒子。
8. 如：比。如之：比得上。
9. 尋師：興師，出動軍隊。
10. 適：音ㄉㄧˊ，dí，遵循。

語譯：晉獻公派士蔿修築蒲城讓次子重耳（晉文公）駐守、修築屈城讓三子夷吾（晉惠公）駐守。所築之城都加了太多的薪枝而不堅固。公子夷吾向老爸告狀，晉獻公派使節譴責士蔿。士蔿向使節一百八十度鞠躬，說：「……國君應當施行德政以保障親生兒子，又有什麼城牆比德政更堅固呢？三年後就要興師討伐這二城了，又何必築得太堅固？」回到居處感慨賦詩：「國君和兒子不和，猶一國三公，政出多門，我該聽誰的呢？」（築城不堅，得罪公子；築城太堅，將來國君會不高興。）

名句的故事

晉獻公寵愛驪姬，生子奚齊，想要改立奚齊為太子，於是先派太子申生去駐守曲沃。士蒍當時就看出來，申生最終將不可能繼承大位。但是他只有對人說：「太子不如逃亡他國吧！效法吳太伯讓位給小弟弟。」卻並未向獻公進諫，也未向太子進言。

等到晉獻公殺了太子申生，又命令士蒍去修築蒲、屈二城，他揣摩上意（晉獻公之意），故意將二城修築得很不堅固，卻得罪了公子夷吾。

後來的發展是，晉獻公果然派兵攻打蒲、屈二城，重耳和夷吾流亡國外。之後晉國內亂，二位公子先後得到秦穆公的支持，夷吾先回國成為晉惠公，死後，公子重耳才回晉國，成為晉文公。

士蒍處在政爭「山雨欲來風滿樓」的環境中，既不願押寶選邊，又擔心得罪任何一方，於是無所適從！

歷久彌新說名句

周朝的制度，「三公」是太傅、太師、太保三個崇高的官稱；《禮記》則以司徒、司馬、司空為三公；漢代以丞相、御史大夫、太尉為三公；到後來，太傅、太師、太保又稱為「三師」，屬於崇官，亦即頭銜崇高但無實際職務。

而「一國三公」的用法，是指「政出多門，號令不一」。

南北朝的南齊明帝蕭鸞暴虐無道，死後兒子蕭寶卷繼位，嬉戲無度，不上朝與大臣議事，每天和身邊的宦官、侍衛等玩樂。於是朝政被王遙光、徐孝嗣、江祏、蕭坦之、江祀、劉暄等六人把持。

帶兵駐守雍州的蕭衍對他的表舅，也是首席參謀張宏策說：「一國三公尚且不堪，更何況六貴同朝，勢必相互傾軋，中央政府眼看要亂了。我們地處外州雖能遠離禍事，可是幾個弟弟仍住在京城（建康，今南京市），恐怕會遭到災禍，我看還是得跟益州（成都）方面多聯絡一下。」

益州刺史是蕭衍的哥哥蕭懿，蕭衍前面那一番話，哪裡是掛念兄弟？根本就是想起兵造反。於是派張宏策去遊說蕭懿：「當今朝廷是六頭馬車比肩而行，每個人自己下敕（假皇帝之名），眼看南齊政權就要土崩瓦解。益州和雍州的兵強馬壯，治世可以效忠政府，亂世可以匡濟天下，看情勢發展而作為，這是萬全之策。如果不早作計畫，將來可別後悔。」

蕭懿沒答應兄弟聯手造反，後來被殺，蕭衍則政變成功，成為南梁武帝。這段歷史的重點在於，政出多門，政局一定亂，這也是「一國三公」成語的意旨所在。

名句可以這樣用

我們常用「無所適從」，就是出自這個典故。「適」字古音讀ㄉㄧˊ，dí，但是今天已經約定俗成讀ㄕˋ，shì，就沒有遵古的必要，否則反而被人誤以為是唸錯了。

美女破舌，美男破老
——排除敵國賢臣之策

名句的誕生

晉獻公欲伐郭，而憚[1]舟之僑存。荀息曰：「周書有言，美女破舌[2]。」乃遺[3]之女樂[4]以亂其政，舟之僑諫而不聽，遂去。因而伐郭，遂破之。又欲伐虞，而憚宮之奇存。荀息曰：「周書有言，美男破老[5]。」乃遺之美男，教之惡宮之奇，宮之奇以諫而不聽，遂亡。因而伐虞，遂取之。

～戰國策・秦策

完全讀懂名句

1. 憚：畏懼、害怕。
2. 美女破舌：指美女得寵，正直的臣子就算說破了舌頭，君王也聽不進他的話。
3. 遺：給予，贈送，此時音ㄨㄟˋ，wèi。
4. 女樂：古代服侍統治階級的女性樂工與舞者。
5. 美男破老：利用年輕的男寵去讒詆老成的人，使其不再受重視。

語譯：晉獻公想要討伐郭國，但是擔心郭國有賢大夫舟之僑。荀息對晉獻公說：「《書經》有名言，美女可以破壞忠臣諫言。」於是贈送郭君歌舞團，以敗壞其國政，舟之僑勸諫無效，乃辭官回家。然後晉國發兵攻郭，滅了郭國。晉獻公又想討伐虞國，但是擔心虞國有賢大夫宮之奇，荀息又說：「《書經》有名言，美男可以破壞老臣謀略。」於是贈送美男子給虞君，並教美男子講宮之奇壞話，宮之奇因為數度勸諫不被採納，憤而亡命外國。然後晉國發兵攻虞，滅了虞國。

名句的故事

張儀在秦國，一直想要排斥另一位謀士陳軫，陳軫的門客田莘就向秦惠王講了前述故事，提醒秦惠王：「楚國忌諱的就是秦國有橫門君會用兵、陳軫有計謀，所以賄賂張儀來誹謗這兩位大臣，希望大王不會像郭君、虞君一樣。」秦惠王因而不接受張儀講陳軫的壞話。

歷久彌新說名句

晉國攻滅虞國另有更膾炙人口的故事，亦即「唇亡齒寒」的典故。

根據《左傳》和《史記》，荀息建議晉獻公贈送名馬和美玉給虞君，而非美男。後來滅了虞國之後，晉獻公說：「美玉還是美玉，馬的牙齒卻長了（馬老了）。」如果送的是美男子，恐怕要喟歎「美男已老」吧！

事實上，晉國兩次向虞國借道討伐虢國，而宮之奇勸諫虞君：「虢國與虞國是唇齒相依的關係，我擔心唇亡而齒寒。」但是虞君都沒聽他的。或許，贈送美男子是更早的事情，虞君因此而不聽宮之奇的勸諫。

名句可以這樣用

歷史上，「美人計」真可說是無堅不摧，例如西施離間了吳王夫差和伍子胥，貂蟬離間了董卓和呂布，王昭君更換來了漢朝和匈奴的長期和平。至於「美男計」，由於國君和重臣都是男性，除非遇到「斷袖之癖」的國君，否則比較難以見效。

轉禍而爲福，因敗而爲功

——化危機為轉機之策

名句的誕生

蘇秦對曰：「聖人之制事[1]也，轉禍而為福，因敗而為功。……王能聽臣，莫如歸燕之十城，卑辭[2]以謝[3]秦。秦知王以己之故[4]歸燕城也，秦必德[5]王。燕無故而得十城，燕亦德王，是棄強仇[6]而立厚交也。且夫燕、秦之俱事[7]齊，則大王號令天下皆從，是王以虛辭附秦[8]，而以十城取天下也，此霸王之業矣。所謂轉禍為福，因敗成功者也。」

～戰國策．燕策

完全讀懂名句

1. 制事：處理事情。
2. 卑辭：謙虛的措辭。
3. 謝：謝罪。
4. 以己之故：因為自己的緣故。
5. 德：感謝。
6. 棄：拋開。棄強仇：少掉強大的敵人。
7. 事：事奉、推崇。
8. 附：依附、歸順。虛辭附秦：以外交辭令對秦採低姿態。

語譯：蘇秦對齊宣王說：「聖人處理事情，能夠將災禍轉為福氣，將失敗扭轉為成功。……大王若能採納我的建議，最好是將攻下的十城歸還燕國，再謙卑的向秦國謝罪。秦王知道大王是因為他而歸還十城，必定感謝大王；燕國不付代價而得回十城，燕王也會感謝大王。

這就是免除了強國成為仇家，反而建立深厚交情。而既然燕、秦都推崇大王，那麼大王的號令就能讓天下服從，也就是說，大王以外交辭令對秦國採取低姿態，只付出十城就得到天下諸侯的信服，這是霸王的功業啊！也正所謂轉禍為福，因敗成功的作法。」

名句的故事

秦惠王把女兒嫁給燕文公的太子。燕文公逝世，齊宣王趁機攻下燕國十座城池，燕易王（秦惠公的女婿）託蘇秦去遊說齊宣王。

蘇秦見到齊宣王，先向宣王道賀，馬上又向他致哀。宣王拿起戈矛對著蘇秦，問他：「什麼意思？」蘇秦說：「人雖然肚子餓極了，也不會去吃烏喙（毒草），因為毒死和餓死結果一樣。如今燕王雖弱小，但畢竟是秦王女婿，大王得了十城，卻開罪了強大的秦國，勢必引來外患。無異於肚子餓了，卻去吃烏喙。」

齊王問蘇秦該怎麼辦？蘇秦做了前述建議，齊王接受，而蘇秦則完成了燕易王的託付。

歷久彌新說名句

蘇秦口中的「聖人」當指老子，《道德經》中有：「禍兮福之所倚，福兮禍之所伏。」意思是說，禍福是相對的，沒有禍就無所謂福，反之亦然。所以，禍是福的前提，而福裡面往往隱藏了禍的因子。

老子的思想正有著「禍福可以互相轉化」的用意，有福時應戒慎隱藏的禍因，禍已至則應積極的去轉禍為福——這就是蘇秦所謂「聖人處理事情的能力」，能夠化危機為轉機的人，就稱得上是聖人。

布衣之怒，流血五步

——赤腳拚穿鞋之策

名句的誕生

唐且曰：「夫專諸[1]之刺王僚[2]也，彗星襲月；聶政之刺韓傀[3]也，白虹貫日；要離之刺慶忌[4]也，倉鷹[5]擊於殿上。此三子者，皆布衣之士也，懷怒未發，休祲[6]降於天，與臣而將四[7]矣。若士必怒，伏屍二人，流血五步，天下縞素[8]，今日是也。」

～戰國策．魏策

完全讀懂名句

1. 專諸、聶政、要離：三人都是古時候的有名刺客。
2. 王僚：吳王僚。
3. 韓傀：韓國宰相，《史記》中稱「俠累」。
4. 慶忌：魯國掌權大夫。
5. 倉鷹：暗黑色的大型老鷹。
6. 休祲：凶戾之氣。祲：音ㄐㄧㄣ，jìn。
7. 將四：加起來合計四人。
8. 縞素：穿孝服。

語譯：唐且說：「當年專諸刺殺吳王僚時，勢如彗星奔向月亮；聶政刺殺韓傀時，勢如白色的光芒直沖太陽；要離刺殺慶忌時，勢如黑鷹在殿上俯衝攻擊。這三位都是布衣之士（刺殺的都是當權者），當他們怒氣充滿胸中時，凶戾之氣就會從天而降，再加上我就是四位了（我已經快要發作了）。一旦志士發怒行動，結局是地上伏屍二具，血流五步（相對後文「伏屍百萬，流血千里」）而已，可是天下人都要因此穿上孝服（為國君服喪），而且就在今天！」

名句的故事

秦王政滅了魏國，可是魏國的安陵君仍據守安陵。秦王派人去招安，說：「寡人願以五百里土地，和你交換安陵（五十里土地）。」安陵君派唐且去回報（謝絕好意），兩人展開一番精彩對話。

秦王問唐且：「先生聽說過什麼叫做天子之怒嗎？」

唐且回答：「臣沒聽說過。」

秦王說：「天子一旦發怒，將會造成『伏屍百萬、流血千里』（亦即發動戰事，死傷慘重）。」

唐且反問秦王：「大王聽說過布衣之怒嗎？」

秦王：「布衣之怒，不過是摘下帽子、脫掉鞋子，腦袋瓜子撞地罷了。」（馬路上打架情景。）

唐且：「那是匹夫之怒，不是志士之怒。」接下去說了前述那番話，並且挺劍起立，嚇得秦王趕緊向他道歉。

歷久彌新說名句

類似的戲碼在春秋戰國時期上演過好幾回，例如曹沫脅迫齊桓公，討回魯國的失地；毛遂威脅楚考烈王，說服楚國出兵救趙；腳本都是「赤腳拚穿鞋」。

然而，曹沫、毛遂和唐且的目的都不在行刺，而是藉著氣勢完成說服，和專諸、聶政、要離不同。

名句可以這樣用

春秋戰國時代，士人佩劍是合禮的身分表徵，所以才會有前述場景。後來士大夫不准帶劍上殿，「布衣之怒，血流五步」就成絕響了。

以酒亡國，以色亡國
——借題發揮之策

名句的誕生

昔者，帝女[1]令儀狄[2]作酒而美，進之禹，禹飲而甘之，遂疏[3]儀狄、絕旨酒[4]，曰：「後世必有以酒亡其國者。」晉文公得南之威[5]，三日不聽朝，遂推南之威而遠之，曰：「後世必有以色亡其國者。」

～戰國策・魏策

完全讀懂名句

1. 帝女：帝堯之女，帝舜之妻。
2. 儀狄：人名，釀酒高手。
3. 疏：疏遠。
4. 絕：戒絕。旨酒：美酒。
5. 南之威：美女名，又作南威。

語譯：從前，帝堯的女兒吩咐儀狄釀酒，味道甘美，送給大禹喝，大禹喝了覺得太醇美了，就疏遠儀狄，目的是戒喝美酒，並說：「後世必然有人因喝酒而亡國。」

晉文公得到美女南之威，因耽迷美色而三天不理朝政，於是（忍痛）推開南之威且刻意疏遠她，並說：「後世必然有人因好色而亡國。」

名句的故事

這是魯共公在魏惠王大會諸侯的宴會上致詞所說的故事。

由春秋進入戰國，諸侯間的遊戲規則已經改

變，強國各自稱「王」，周王已成為廁所裡的花瓶。魯國是周公後裔宗親，在春秋時還可以憑藉傳統價值觀（周禮）而存活，進入戰國時代乃岌岌可危，因此魯共公藉題發揮了一下。

魯共公講的「古例」，除了儀狄之酒、南威之色，還有易牙之味、強台（宮殿華麗）之樂。當時魏惠王（即孟子見的那位梁惠王）稱霸一時，在諸侯大會上自比天子，魯共公因而擺出周公後代的臉色，對梁惠王「曉以大義」。

但那次幾乎是魯國在戰國舞台上場的最後一幕，司馬遷《史記・魯世家》在那之後，就只有寥寥數語交代了事。

歷久彌新說名句

因酒色而亡國的故事，真是罄竹難書，的確應驗了大禹和晉文公的預言。然而如果因此而認為酒、色不是好東西，則不但冤枉了酒與色，甚至是意志不堅者的藉口。

孔子曾說：「不為酒困，何有於我哉？」這不是他自誇酒量大，而是他「唯酒無量，不及亂」（《論語・鄉黨》），喝酒有節制；《晉書》也記載了陶淵明「每飲酒有定限」。這兩位都是意志堅強，喝酒而不因酒誤事的典範。

名句可以這樣用

「以酒亡國，以色亡國」是對君主的警語，儆惕不可因物質慾望而玩物喪志。人都有七情六慾，不應該過度的又豈止酒色而已？

以是爲非，以非爲是

——分化合縱之策

名句的誕生

凡大王之所信以為從[1]者，恃[2]蘇秦之計，熒惑[3]諸侯，以是為非，以非為是，欲反覆[4]齊國而不能，自令車裂[5]於齊之市[6]。夫天下之不可一[7]亦明矣，今楚與秦為昆弟[8]之國，而韓魏稱為東蕃[9]之臣，齊獻魚鹽之地，此斷趙之右臂也。夫斷右臂而求與人鬥，失其黨[10]而孤居，求欲無危，豈可得哉？

～戰國策．趙策

完全讀懂名句

1. 從：同「縱」。為從：主張合縱。
2. 恃：依憑。
3. 熒惑：火星古名。火星是戰星，此處一語雙關，有迷惑與好戰雙意。
4. 反覆：顛覆。
5. 車裂：五馬分屍之刑。
6. 市：市場，商業鬧區。
7. 一：動詞，齊一。
8. 昆弟：兄弟。
9. 蕃：同「藩」。稱蕃：稱臣。
10. 黨：此處作「盟友」解。

語譯：大王相信的那些主張合縱的人，都是仗著蘇秦的陰謀詭計，他們以好戰言論蠱惑諸侯抗秦，顛倒是非黑白。而蘇秦本人想要顛覆齊國失敗，在齊國鬧市遭到車裂之刑。事實上，天下諸侯不可能齊一步調（合縱終究不會成功）已經很清楚，如今楚國已經和秦國結為兄弟之邦，韓魏向秦稱臣，齊國獻出魚鹽之地給秦，這不啻於斷了趙國的右臂。斷了右臂還想跟人家格鬥，失去了盟友而被孤立，怎麼可能不發生危險呢？

名句的故事

張儀終於等到蘇秦死了，才開始他的「連橫」行動，也就是逐一分化合縱各國。而趙國正是最早支持蘇秦「合縱」計畫的國家，張儀乃在遊說楚、魏、韓、齊與秦國交好之後，才去見趙王。

張儀的說服點有二：一是蘇秦已死，合縱盟約已經失去靈魂人物；二是四國已經與秦交好，趙國若繼續與秦國為敵，就可能陷入被孤立的危境。

趙武靈王迫於形勢，接受了張儀的說詞，與秦王在澠池會盟。

歷久彌新說名句

張儀說主張合縱者「以是為非，以非為是」，憑心而論，主張合縱與主張連橫並無「是非黑白」的問題，只有國際間利害分合的問題，並且得隨國際形勢變化而調整外交戰略。而真正顛倒是非黑白的姦臣，才是可惡！

宋徽宗寵信蔡京，蔡京為徽宗搜刮天下奇花異石，鼓勵皇帝肆意奢侈，並且說出「陛下乃當今天子，理應享用天下之供奉，沒什麼好顧忌的」這種話，才叫做「以非為是」！

名句可以這樣用

「以是為非，以非為是」還抵不上「指鹿為馬」（趙高的故事不贅述），前者至少還講是或非，後者連真相都沒了，怎不教人在心中暗罵一句「馬鹿野郎」？

出君之口，入臣之耳
——密謀策反之策

名句的誕生

二君[1]曰：「我知其然。夫知伯[2]為人也，麤中[3]而少親[4]，我謀未遂[5]而知，則其禍必至，為之奈何？」張孟談曰：「謀出二君之口，入臣之耳，人莫[6]之知也。」

～戰國策．趙策

完全讀懂名句

1. 二君：韓魏二家之族長韓康子與魏桓子。
2. 知伯：智伯，智氏族長。
3. 麤：音ㄘㄨ，cū，粗暴。麤中：內心粗暴。
4. 親：仁慈。
5. 遂：實現，行動。
6. 莫：不可能。

語譯：韓康子與魏桓子說：「我們懂得唇亡齒寒的道理。智伯這個人粗暴而不仁，萬一我們的計畫還沒付諸行動，就被他知道了，肯定會招來大禍，那該怎麼辦？」張孟談說：「計畫出自兩位大人的口，入我一人之耳，別人不可能知道的。」

名句的故事

晉國六大家族內戰，智氏最強，先後滅了范氏和中行氏，又向韓、魏、趙三家索取土地（目的在逼他們翻臉），韓康子和魏桓子忍氣吞聲捐出土地，但趙襄子不答應，於是智伯聯合韓、魏出兵攻打趙。

三家聯軍圍攻晉陽，三個月攻不下來，於是智伯決堤引晉水灌入城中，並且得意洋洋的說：「我現在才曉得水可以傾人之城啊！」韓康子與魏桓子相互以肘、腳示意，因為韓、魏的根據地也都在河邊，兩家已有反叛智伯之意。

趙襄子派張孟談去敵營當使者，暗中聯絡韓魏二家，內外夾攻智伯。張孟談對韓康子和魏桓子遊說「唇亡齒寒」的道理，於是一拍即合，並有了前述對話。

歷久彌新說名句

陰謀密約可以守得住嘴巴，但不能保證守得住神色。張孟談和韓魏二君密謀，就被智伯的族人智過看出有異，可惜智伯被勝利沖昏了頭腦，未採信智過的話，最後被三家聯手消滅。（請參考「請而不得，有悅色」一文。）

春秋時，齊桓公大會諸侯，衛國國君遲到，齊桓公不高興，就和管仲商量攻打衛國的計劃。

桓公回到宮中，衛姬（衛君之女，桓公夫人）向桓公請罪，說：「我望見國君趾高氣昂，有出兵征伐的氣勢；國君見到臣妾時，神色又動，想必是要討伐衛國。」

隔天，桓公上朝，管仲問：「國君原諒衛國了吧？」桓公詫異：「你怎麼知道？」管仲說：「因為國君今天上朝的舉止恭謹、說話緩慢（無怒氣），見到臣時，面露愧色，所以我猜到了。」

《呂氏春秋》評論這一段說，齊桓公雖然（口中）未說，（神情舉止）卻和暗夜中的燭光一樣明顯。

名句可以這樣用

有道是：「禁口容易欺心難。」陰謀密計可以「出君之口，入我之耳」不講出去，但是「天知地知，你知我知」，搞陰謀的人終難免露出異色。

計不決者名不成
——促使把握時機之策

名句的誕生

蘇秦謂薛公[1]曰：「臣聞謀泄[2]者事無功，計不決者名不成。今君留楚太子者，以市[3]下東國也，非亟得下東國者，則楚之計變，變則是君抱空質而負名[4]於天下也。」

～戰國策・齊策

完全讀懂名句

1. 薛公：孟嘗君的封邑在薛，稱薛公。
2. 泄：洩露。
3. 市：交易。
4. 負名：背負不義之名。

語譯：蘇秦對孟嘗君說：「常言道：計謀一旦洩露就不會成功，訂下計謀卻猶豫不決就不能成名。如今閣下手中握有楚國太子，可以用他來交換下東國（楚地名）。如果不趕緊得到下東國，一旦楚國的政情發生變化，閣下將空抱人質而背負不義之名於天下了。」

名句的故事

秦國將楚懷王騙去秦國，扣留不讓他回去，並對楚國詐稱「楚懷王已死」，並要求楚國迎接在齊國當交換人質的太子「橫」回國繼位。這一招是想破壞齊楚同盟——人質回國，原先的盟約乃失去了「抵押品」。

但是齊閔王卻想扣留楚太子以交換土地，齊國宰相孟嘗君對齊閔王說：「如果我們扣留太子，楚人會另立新王，那麼我們就空有人質（太子已非太子，將不具人質作用），而背負不義之名於天下。」於是齊國放太子回國繼任。

以上是《史記》的記載，與《戰國策》記載迥異。然而，《戰國策》的重點在「策」不在「史」，讀者體會其策即可。

歷久彌新說名句

南宋史學家鮑彪重校《戰國策》注釋，楚人知道懷王是回不來了，所以緊急擁立新君，以斷絕秦國的要脅。這類說法，歷史中不乏印證。

明英宗御駕親征北方邊患瓦剌（蒙古族），卻吃了個大敗仗，自己被俘，瓦剌便以英宗為要脅，向明帝國勒索大量財物。北京城內群臣惶惶不知所措，多數人主張付錢贖回皇帝，只有兵部侍郎于謙獨排眾議，擁立英宗的弟弟即位（景泰帝），並以「大明已有新皇帝」，拒絕了瓦剌的勒索。

瓦剌後來放回明英宗，英宗後來以「太上皇」身分發動政變，奪回帝位，于謙被滿門抄斬，死後抄家卻只有書籍，沒有財物。這位清廉鐵漢留有一首詩〈石灰行〉，自比石灰：

「千錘萬鑿出深山，烈火焚燒若等閒；
粉身碎骨渾不怕，要留清白在人間。」

于謙擁立新帝，斷絕瓦剌勒索，印證了時機緊迫必須斷下決心的必要性，同時也印證本「策」蘇秦所說的「計不決者名不成」。

名句可以這樣用

俗話說「女大不中留，留來留去留成仇」，嫁女兒和放歸人質的道理相同——時機一旦錯過，非但失去「行情」，甚至引來怨恨。

投資國君一本萬利，最成功的當屬呂不韋，呂不韋初見秦國王子（即後來秦始皇的爸爸）時，認為是「奇貨可居」。這個「居」字就是「囤積以待好價錢」的意思。然而，囤積居奇的最高原則就是要能把握時機，時機一旦錯過，行情就沒了——抵押品一旦失去行情，先前的投資或貸款或合約也就一文不值矣！

鳳凰于飛，五世其昌

——卜卦辭的後見之明

名句的誕生

初，懿氏[1]卜妻[2]敬仲[3]，其妻占之曰，吉。是謂鳳凰于飛[4]，和鳴鏘鏘[5]，有媯[6]之後，將育于姜[7]。五世其昌，並于正卿，八世之後，莫之與京[8]。

～左傳・莊公二十二年（周史知陳大于齊）

完全讀懂名句

1. 懿氏：陳國大夫。
2. 卜妻：為嫁女兒而占卜。
3. 敬仲：陳國公子，後來流亡齊國。
4. 鳳凰：吉祥之鳥，鳳是雄鳥，凰是雌鳥。鳳凰于飛：鳳凰比翼齊飛。
5. 鏘鏘：聲音宏亮，隱喻為享有聲譽。
6. 媯：陳國姓「媯」。
7. 姜：齊國姓「姜」。
8. 京：高大。莫之與京：高大無比，隱喻當國君。

語譯：起初，陳國大夫懿氏有意將女兒嫁給國君之子敬仲，他的妻子占卦結果是「吉」。占卦之辭為：鳳凰比翼齊飛（出國），鳴聲宏亮（著有聲譽），陳國的後代在齊國成長。五代以後昌盛發達，官位等同正卿；八代以後，沒有人比他更高大（當國君）。

名句的故事

陳國發生政變，太子被殺，公子敬仲是太子

一黨，因此逃奔國外，到了齊國，改姓田氏。齊桓公很器重敬仲，想要任命他為卿，敬仲謙讓，只擔任了工正（百工之長）。

傳到敬仲五世孫田無宇，得到齊莊公的寵信，田氏開始擔任大夫，他的兒子田乞刻意收買民心，收賦稅時用小斗，發糧食時用大斗。晉國內戰當中，田乞又用齊國的糧食援助晉國的范氏和中行氏，引為外援。

齊景公過世之後，田乞廢君、立君，又弒君、立君，田氏成為齊國實質執政家族。到了田乞的孫子（敬仲八世孫）田和，放逐齊康公，瓜分晉國的三家之一魏文侯向周天子提出，立田和為齊侯，史稱「田氏篡齊」，和三家分晉同一年，史家以此為戰國時代的起始。

歷久彌新說名句

懿氏之妻真的占卜如此靈驗嗎？聽起來可真是準確：陳國之後在齊國發達，五世後做大官，八世後當國君！

如果這項占卜之辭真的早就存在，那麼姜姓的齊國國君一定會防著田氏。就如秦始皇為了「亡秦者胡也」一句神祕預言，發動大軍攻打匈奴——結果匈奴「胡」沒有亡秦，反而是他們不肖子二世「胡亥」搞垮了秦帝國！

因此，歷代的神祕預言最常出現兩種情形：一是後人附會牽連，強做解人；二是後人偽造，以「應驗」事實。

名句可以這樣用

無論如何，「鳳凰于飛」和「五世其昌」都流傳至今成為婚禮時的吉祥話。當然，也不必拘泥其原意：前者是小倆口一同流亡國外，後者發達則發達矣，卻是攬權、篡位之「昌」。

我能往，寇亦能往
——正面迎敵不躲避之策

名句的誕生

楚大饑，庸人帥群蠻以叛楚，麇人率百濮[1]聚於選[2]，將伐楚。……楚人謀徙於阪高[3]。蒍賈[4]曰：「不可。我能往，寇亦能往。不如伐庸，夫麇與百濮謂我饑不能師，故伐我也，若我出師[5]，必懼而歸。」

～左傳・文公十六年（蒍賈謀伐庸）

完全讀懂名句

1. 庸、麇、濮：皆楚國南方蠻族名。百濮指濮地諸蠻。
2. 選：地名。聚於選：集結在「選」地。
3. 阪高：地名，地形險要。徙於阪高：遷都到地形險要的阪高地方。
4 蒍賈：楚國大夫，孫叔敖之父。
5 師：前一個「師」是動詞，作戰；後一個「師」是名語，軍隊。

語譯：楚國發生大饑荒，南方民族大舉叛變，庸族為首，麇族和百濮在選集結，準備攻擊楚國，楚國朝廷為此商議遷都到地形險要的阪高。

蒍賈說：「這個計畫不可行。我們能去，賊寇也能去。不如正面攻擊為首的庸族，因為麇族和百濮是以為我們因饑荒而無力作戰，才敢來侵犯，如果我們主動出師攻擊，他們一定畏懼而撤兵。」（蠻族聯軍因此而瓦解。）

名句的故事

蔿賈的建議得到採納，整軍出兵，果然麇和百濮就撤軍了。

楚軍與庸軍對陣，楚大夫潘旺獻驕敵之策：楚軍七陣七敗，庸軍以為勝利在望，於是疏於戒備，陷入埋伏。楚國大軍集結反包圍，秦國與巴國（四川）派出援軍，各蠻族因而與楚簽下和約，庸族被孤立，滅亡。

歷久彌新說名句

蔿賈有個很有名的兒子孫叔敖，後來擔任楚國宰相。

孫叔敖小時候，看見一條兩頭蛇，由於傳言看見兩頭蛇的人會死，他起初既害怕又擔心，繼而想：「我看見，他人也會看見，我反正已不免一死，不如為民除害。」於是拿起鋤頭打死了那條兩頭蛇，而他自己並沒有死。

孫叔敖這個「我看見，他人也會看見」的邏輯，和他父親「我能往，寇亦能往」是一樣的；而打死兩頭蛇的做法是正面解決問題，也和蔿賈「正面出擊」是一致的。看來，他受到父親的影響還真不小。

西漢宣帝時，西羌（藏族一支）為患，老將趙充國奉命赴前線平亂。羌族有兩支主力，先零較強，罕并較弱，酒泉太守和朝中那批「坐而論戰」的大臣都主張先攻罕并，但趙充國堅決主張先解決先零，罕并自然退去。最後，也是用詐敗驕敵之計打垮了先零部隊，罕并自動歸順。這和蔿賈主攻庸族的戰略是相同的。

名句可以這樣用

面對強敵威脅時，迂迴轉進「以空間換取時間」也是一策，並非一定得正面迎敵。「我能往，寇亦能往」的基本精神是不做縮頭烏龜，想出辦法而非一味躲閃。若是只會撤退，卻揚言「我軍轉戰千里，敵軍追趕不及」（其實是敗退），那就是自欺欺人了。

名不可兩立，行不可兩全
——忠孝不能兩全之歎

名句的誕生

申鳴[1]曰：「食君之食[2]，避君之難，非忠臣也；定君之國，殺臣之父，非孝子也。名不可[3]兩立，行不可兩全也。如是而生，何面目立於天下？」遂自殺也。

~說苑・立節

完全讀懂名句

1. 申鳴：楚國左司馬。
2. 前一個「食」，動詞，吃。後一個「食」，名詞，食物。
3. 不可：不能。

語譯：申鳴（對楚惠王）說：「我吃君王的飯，若逃避君王的災難，就不是忠臣；但是，如今我安定了君王的國家，卻因此害了我的父親被殺，就稱不上是孝子。忠、孝之名不能兩立，忠、孝之行不能兩全，這樣子活著，還有什麼顏面立足於世間（難避天下人之批評）。」於是自殺身死。

名句的故事

申鳴是楚國有名的孝子，楚王請他出來做官，他不幹，他的父親說：「如果你能為國服務，有好的政績，我會很高興。」於是申鳴去做官。三年後，白公造反，楚惠王被拘禁，申鳴要去營救楚惠王「共赴國難」，他的父親想要阻止他，他對父親說：「既然做了官，身體歸於君王，俸祿歸於父母親。」於是發兵圍攻白公。

白公的參謀石乞說：「申鳴是有名的孝子，只要挾持他的父親，就可以讓他放下武器。」但是申鳴說：「從前我是父親的孝子，如今我是國君的忠臣。」繼續攻打白公，最後平定了亂事，但他的父親也因此被殺。

楚惠王賞申鳴黃金百斤，申鳴說了前述那番話後自殺——如此才能完成他的「忠孝兩全」，平亂為國君盡忠，自殺為父親盡孝。

歷久彌新說名句

楚平王為太子建娶妻，卻見那女子美貌，自己娶了她，後來更要派人殺太子建，太子建逃亡宋國。

太子建的師傅伍奢被囚禁，伍奢有兩個兒子都很優秀，楚平王要伍奢把兩個兒子召來，否則就要殺伍奢。

伍奢的兒子伍尚和伍員（伍子胥），經過一番討論之後，二人心知肚明，此去一定父子同歸於盡，於是伍尚對伍員說：「我去盡孝（送死），你逃亡，找機會報仇。」

伍子胥逃亡，伍奢和伍尚被殺。後來，伍子胥借用吳國大軍攻進楚國郢都，把楚平王的屍體挖出來鞭打。

伍奢有兩個兒子，所以赴死盡孝和報仇雪恨可以「兩全」！

名句可以這樣用

「忠孝不可兩全」、「魚與熊掌不可兼得」，不可，都是「不能」的意思，千萬莫做「不可以」解釋。天下事想要兩全其美，往往是奢求，不能兩全（雙贏）時，就非做抉擇不可，例如「捨生取義」。事實上，伍子胥的完結篇就是企求兩者兼得的後果。（參閱「十年生聚，十年教訓」一章。）

忠臣不事二君，貞女不更二夫
——以死喚醒人心之策

名句的誕生

王歜[1]曰：「忠臣不事二君，貞女不更二夫。齊王不聽吾諫，故退而耕於野[2]。國既破亡，吾不能存，公又劫[3]之以兵，為君將，是助桀為暴也。與其生而無義，固不如烹。」遂懸其軀於樹枝，自奮絕脰[4]而死。

～說苑．立節

完全讀懂名句

1. 王歜：人名，齊國處士。歜：音ㄔㄨˋ，chù。
2. 耕於野：辭官（在野）自耕為生。
3. 劫：同「挾」。
4. 脰：音ㄉㄡˋ，dòu，頸項。絕脰：扭斷脖子。

語譯：王歜說：「忠臣不事奉兩個君主，貞節的女子不再嫁第二個丈夫。齊王不聽我的勸告，所以我退隱在野自耕而食。如今國家已經破亡，我也不能偷生，閣下還以武力相脅，要我擔任你的將領，豈不是助桀為虐嗎！與其不名譽的活著，還不如被烹殺。」於是自己用樹枝吊起身體，奮力掙斷脖子而自殺。（上吊連繩子都不用！）

名句的故事

燕將樂毅伐齊，連下七十城，只剩莒和即墨二城。樂毅聽說王歜是個聲望很高的賢者，下令軍隊「不准進入王歜居處三十里半徑範圍內」，然後派人去對王歜說：「請你擔任將軍，封你一萬戶食邑。」（當漢奸，封萬戶侯。）王歜回絕，樂毅再派人去說：「你不答應，我命令軍隊屠殺你全鄉。」

王歜忠義不能兩全，選擇自殺，盡忠且不拖累鄉民。（請對照「名不可兩立，行不可兩全」一章。）

當時，齊湣王已經死了，王族中只有王子田法章流落在莒城。齊國四散奔逃的大夫聽說這件事情，都說：「王歜一個布衣尚且如此，何況我們這些在位拿國家俸祿的人呢？」於是紛紛向莒城聚集，擁立田法章為齊襄王。後來田單在即墨以反間計和火牛陣打敗了燕軍，恢復齊國版圖。

歷久彌新說名句

王歜的事蹟只是「忠臣不事二君」，至於「貞女不更二夫」，另有一個故事：

明末有一位葛嫩娘，父親是個總兵，為國殉難，家境破落，嫩娘被賣入金陵妓院。一位愛國之士孫克咸在妓院中結識葛嫩娘，二人成為莫逆知己。揚州陷落，清兵逼近金陵，克咸攜葛嫩娘到福州襄助福州守將楊俊抗清。

福州被圍，葛嫩娘二度突圍向鄭芝龍求援。鄭芝龍降清，福州淪陷，楊俊戰死，孫克咸和葛嫩娘率眾進入仙霞嶺打游擊，最後遭圍剿，械盡糧絕被俘。

清軍主將博洛見葛嫩娘風韻猶存，提出要求娶她為妾，不答應就屠殺全部游擊軍。葛嫩娘咬斷舌頭唾向博洛，於是全部就義！

誰說風塵女子無情無義?葛嫩娘同時做到了本章上、下二句！

名句可以這樣用

時至今日，雖然「忠臣不事二君」已經由忠君改為忠於國家；「貞女不事二夫」已經不合時宜。但是，忠誠仍然是重要的德行，不忠、不誠就不會贏得信任。

我無爾詐，爾無我虞
——坦誠簽和約之策

名句的誕生

使華元[1]夜入楚師，登子反[2]之床，起之，曰：「寡君使之以病告[3]，曰敝邑易子而食，析骸以爨。雖然，城下之盟[4]有以國斃[5]，不能從也。去我三十里，唯命是聽。」子反懼，與之盟，而告王，退三十里，宋及楚平。盟曰：「我無爾詐，爾無我虞。」

～左傳．宣公十五年（華元夜登子反之床）

完全讀懂名句

1. 華元：宋國大夫。
2. 子反：楚軍統帥公子側。
3. 以病告：自承形勢危急，採低姿態。
4. 城下之盟：古時諸侯會盟多在原野之中，兵臨城下之盟，視為奇恥大辱。
5. 斃：亡。有以國斃：寧可亡國。

語譯：楚軍包圍宋國都城九個月，宋文公派大夫華元趁夜潛入楚軍陣地（圍城九個月，戒備鬆弛），直入楚軍統帥子反帳中，將子反由床上叫醒，對他說：「我的國君派我來說，咱們城中已經到了交換兒子相食、拆開死人骨骸當柴燒的地步。雖然如此，城下之盟是不能接受的，如果要受屈辱，寧可拚到亡國也不投降。如果楚軍向後撤三十里，在那裡簽和約，那就唯楚國之命是聽。」子反在那一刻，害怕被華元所殺（若不答應，華元自知不免一死，肯定會先殺子反），就跟華元作了祕密約定，然後說服楚莊王，將軍隊後撤三十里，宋國向楚國臣服，和約上記載：「楚國不得詐騙宋國（背約再攻宋），宋國不得防備楚國。」

名句的故事

事實上，楚軍圍城九個月，也已經師老兵疲，楚莊王有意撤軍，楚大夫申叔時獻策：「我們假裝要蓋房子，並且派兵耕田，以示準備長期包圍，宋國一定會害怕而求和。」果然，宋文公嚇到了，於是派華元出這一趟任務。

《史記》記載這一段稍有不同：子反引見華元晉見楚莊王，問華元城中狀況，華元據實以告（易子而食，析骸以爨）。楚莊王說：「這真是誠實的說法。坦白說，我軍也只剩兩天糧食了。」於是退兵三十里議和。

歷久彌新說名句

若依《史記》所載，則這個故事的主軸就在一個「誠」字，雙方因誠而簽和約，和約也註明雙方不可「爾虞我詐」。

另有一個與「誠」和「撤軍」有關的故事：晉文公（公子重耳）在外流亡時，經過楚國，楚成王禮遇他，並問：「將來怎麼回報我？」重耳回答：「萬一迫不得已要和大王對陣，我將退避三舍（九十里）以示回報恩情。」後來晉楚兩軍對陣，晉文公守約退避三舍，這一舉動鬆懈了楚軍軍心，士兵不想戰，主帥子玉卻堅持要戰，結果楚軍大敗，晉文公一戰而成諸侯霸王。

名句可以這樣用

「爾虞我詐」在今日已成常態，古時候人情重誠信，才能不詐、不虞。換在今天，非但白紙黑字和約不算數，口頭約定更不算數，甚至子反一旦脫離危險，華元的性命將立即不保。

父教子貳，何以事君

——臨難不虧大節之論

名句的誕生

晉惠公卒，懷公命無從亡人[1]，期期[2]而不至，無赦。狐突之子毛及偃[3]，從重耳在秦，弗召，冬，懷公執[4]狐突，曰：「子來則免。」對曰：「子之能仕[5]，父教之忠，古之制也。策名委質[6]，貳[7]乃辟[8]也。今臣之子，名在重耳有年數矣，若又召之，教之貳也。父教子貳，何以事君？刑之不濫，君之明也，臣之願也。淫刑以逞[9]，誰則無罪？臣聞命[10]矣！」乃殺之。

～左傳．僖公二十三年（狐突不教子貳）

完全讀懂名句

1. 亡人：流亡在外之人，指公子重耳。
2. 期期：設定期限。第一個「期」是動詞，約定。
3. 狐突：晉國大夫，其子狐毛、狐偃。
4. 執：逮捕。
5. 仕：做官。
6. 策名：人臣的名字書寫在君主的簡策當中。委質：同「委身」，身體奉獻給國君。
7. 貳：有貳心。
8. 辟：加之罪，如「大辟」是死刑。
9. 淫：過度。逞：縱慾。

10. 聞命：接受命令。

語譯：晉惠公死後，兒子晉懷公繼位，下令不准追隨流亡在外的公子重耳（後來的晉文公，晉懷公的二伯），設定期限一年，不回來的「殺無赦」。

晉國大夫狐突的兩個兒子狐毛、狐偃正追隨重耳在秦國，狐突並未召回二子，晉懷公因此逮捕狐突，說：「你兒子回來就不殺你。」

狐突說：「自古以來，兒子長大可以做官了，父親教他忠君之道，一旦名字列入臣屬名冊，就得為主君盡忠，若有貳心，就治他的罪。我的兒子列名公子重耳之下已經很多年（遠在國君繼位之前），如果現在召他們回來，等於是教他們有貳心。父親教兒子有貳心，父親本人又有何立場事奉國君？不濫用刑罰是國君英明、臣子之福，如果刑罰過度以逞威，那什麼人可以避免獲罪？我接受命令就是了。」

於是晉懷公殺了狐突。

名句的故事

公子重耳原本就有很好的名聲，晉國賢人追隨他流亡的很多，國人也一直希望他回國執政，甚至秦穆公原本也想支持他，只不過被晉惠公捷足先登而已。

因此，晉懷公對這位伯父，自然感覺如芒刺在背，隨時有被伯父回國取代的危機。

狐突其實一點也不「糊塗」，他很清楚，以晉懷公這種猜忌性格，召回兒子也未必能長保安泰（淫刑以逞，誰則無罪？），而重耳後勢仍然看好，所以不召回二子。在面對死亡威脅時，還講出這一番大道理來，既是勸諫（君之明也），也有諷刺。

歷久彌新說名句

如果晉懷公是個心胸開闊的國君，狐突有可能召回二子。歷史上的英明之主常能任用原本敵對立場的臣子，唐太宗重用魏徵是一例，重用徐世勣是另一例。

徐世勣原本是李密的部下，李密降唐後，徐世勣更一度擁兵在外，以自己不投降，保李密不被殺。後來則為李淵、李世民父子立下汗馬功勞，賜姓李，因此史書上稱他李世勣。（後來又因避李世民之諱，改稱李勣。）

李世勣得了急性傳染病，醫生的處方當中要用到「鬚灰」，唐太宗親自剪下自己的鬍鬚，燒成灰給李世勣當藥引。李世勣為此叩頭出血謝恩，唐太宗說：「我這是為國憐才，不是為你個人。」並且說：「先生當年不辜負李密，現在怎麼會辜負我？」

李密手下另一員悍將單雄信的下場卻是對比——李密被王世充打敗，李密投靠李淵，單雄信則投降了王世充。等到李世民攻下洛陽，王世充滅了，李世民下令殺單雄信。李世勣為單雄信求情，說他「矯健絕倫」，並且願意捐出全數家產、放棄所有官爵以換取單雄信的性命。但是，李世民不答應！

名句可以這樣用

李世民「殺與不殺」的標準，就在「有沒有貳心」，李世勣和單雄信對李密的忠心與貳心，成了一生、一死的關鍵因素。而這個故事又為「父教子貳，何以事君」做了絕佳見證——有貳心的人，即使放他活命，以後也不會忠心。

人誰無過，過而能改，善莫大焉

——知過不改而招弒之鑑

名句的誕生

晉靈公不君[1]，厚斂[2]以彫牆，從臺上彈人，而觀其辟丸[3]也。宰夫胹熊蹯[4]不熟，殺之，寘[5]諸畚，使婦人載以過朝，趙盾、士季見其手，問其故，而患之。將諫，士季曰：「諫而不入，則莫之繼也，會請先。不入，則子繼之。」三進及溜[6]，而後視之，曰：「吾知所過矣，將改之。」稽首而對曰：「人誰無過，過而能改，善莫大焉。」

～左傳・宣公二年（趙盾弒其君夷皋）

完全讀懂名句

1. 不君：有失君道。
2. 厚斂：課稅過重，剝削人民。
3. 辟丸：躲避彈丸。
4. 胹：音ㄦˊ，ér，煮。熊蹯：熊掌。
5. 寘：音ㄓˋ，zhì，放置、填。
6. 溜：屋簷滴水處。

語譯：晉靈公荒淫無道，剝削人民財產用來裝飾宮牆，還從高臺上用彈弓打行人，看他們躲避彈丸取樂。

廚師烹煮熊掌未熟透（熊掌難熟，但不熟則有毒），晉靈公殺了他，將屍體填入竹器，叫婦人扛著經過朝會之所（示眾）。趙盾和士會看見廚師的手露在外面，問明原因後，對國君無道非常憂心。

二人將要進諫時，士會對趙盾說：「你是上

卿執政官，如果諫而不聽，其他人將無以繼之。還是我先去，如果國君不聽，你再進諫。」

士會「三進三伏」（以示恭敬）入宮，晉靈公起初裝做不知道，直到士會伏進到了滴水簷前，才正眼看他，說：「我知道錯了，會改過的啦！」士會起身，一百八十度鞠躬，說：「人哪個不犯過失？有過失而能改正，就是最大的善行。」

名句的故事

士會軟性進諫，晉靈公口中說要改過，說過了仍然不改。於是趙盾以較強烈的態度進諫，晉靈公火了，派刺客去刺殺趙盾。那位刺客趁天剛亮（最佳攻擊時刻）前往趙盾官邸，趙家已經打開正門，趙盾穿好朝服，坐著假寐等待時間到了上朝。刺客見他是一位盡忠職守的好官，既下不了手，又無以復命，於是自己用頭撞槐樹而死。

晉靈公又設計了一場酒宴，埋伏甲士要殺趙盾，還包括一隻身高四尺的獒犬。酒過三爵，靈公的一位駕車人提彌明突然上前，拉起趙盾向外走，獒犬衝出，提彌明搏殺猛犬，但死於甲士之手。又有一位不知名的甲士，掉轉兵器（以示非叛），以戟杖為趙盾抵擋甲士，一路掩護他脫圍。

趙盾問那義士何名，回答：「我就是那個桑樹下的餓人。」原來，趙盾曾經在一棵桑樹下遇到一個餓了三天的人，給他食物，他說要帶回去給老母吃。趙盾讓他吃飽，並將那人的囊袋裝滿食物帶回家——這個偶然的善行，這回救了他一命。

趙盾逃亡，他的族人趙穿發動兵變，殺了晉靈公。趙盾尚未離開國境，聞訊回朝執政。晉國的史官董狐記載此事：「趙盾弒其君。」趙盾辯稱：「弒君是趙穿，不是我。」董狐說：「閣下是晉國的執政官，出奔並未離國境，所以仍是執政官；回朝卻不聲討逆賊，豈不是你放縱弒君？」——這就是文天祥〈正氣歌〉中「在晉董狐筆」一句的典故。

歷久彌新說名句

孔子稱讚顏淵「不遷怒，不貳過」，不貳過就是不犯相同的錯，就是知過能改。顯然「不貳過」是很難做到的，連孔門弟子都只有顏淵做得到。晉靈公知過卻不能改，甚至聞過則怒，欲殺害趙盾，結果自招滅亡。

改過已難，向善就更不容易，最有名的故事當屬「周處除三害」，故事大家耳熟能詳，不再贅述。

名句可以這樣用

我們現在常用「人非聖賢，孰能無過；過而能改，善莫大焉」，即語出《左傳》此典。

有黨必有讎

——廣結善緣之策

名句的誕生

晉郤芮[1]使夷吾[2]重賂秦以求入[3]，……從之。齊隰朋[4]帥師會秦師，納晉惠公。秦伯[5]謂郤芮曰：「公子誰恃[6]？」對曰：「臣聞亡人[7]無黨[8]，有黨必有讎。夷吾弱[9]不好弄[10]，能鬥不過[11]，長亦不改，不識其他。」

～左傳．僖公九年（秦伯納夷吾）

完全讀懂名句

1. 郤芮：人名，晉國大夫。郤音ㄒㄧˋ，xì。
2. 夷吾：晉獻公第三子，當時流亡在外。
3. 入：進入晉國繼承君位。
4. 隰朋：人名，齊國大夫。隰音ㄒㄧˊ，xí。
5. 秦伯：秦穆公。
6. 恃：倚重、重用。
7. 亡人：流亡之人。
8. 無黨：無法結黨。
9. 弱：小時候。
10. 弄：狎玩、嬉戲。
11. 過：過度。

語譯：晉國大夫郤芮建議公子夷吾用重禮賄賂秦穆公，以爭取秦國支持，回晉國繼位，夷吾照做了。齊國也派隰朋率領軍隊前來，與秦軍會師，擁立夷吾成為晉惠公。

秦穆公問郤芮：「公子夷吾將會重用何人？」

郤芮回答：「常言道，流亡在外的人沒有能力結黨，況且，有朋黨也就必定有仇敵。夷吾小的時候不喜歡嬉戲（莊重），習武藝但有節制（不好鬥），長大後也維持這種性格（言下之意，朋友少，仇敵也少），其他我就不知道了。」

名句的故事

晉獻公殺太子申生，逼走重耳、夷吾的故事請參考「一國三公，吾誰適從」一章。

獻公過世之後，晉國陷入內亂，重耳和夷吾都想回國繼位，而鄰近的強國秦國乃成為爭取外援的對象。秦穆公本意是想支持重耳，因為他有賢明的聲譽，但是郤芮這一招，卻讓夷吾捷足先登。

事實上，晉國內部早就分成好幾派，各自有支持對象，郤芮正是夷吾一「黨」。但是面對秦穆公的詢問，郤芮裝出中立姿態，只舉出「夷吾沒有朋黨，也沒有敵人」的優點——繼位阻力小。

這個優點也符合秦穆公的利益，由於夷吾缺乏領導團隊，將成弱勢國君，秦國的影響力較大，所以支持夷吾回國即位。

歷久彌新說名句

領導人在得位之前，莫不積極建立自己的團隊，希望人才都成為自己一黨，如唐高祖李淵的三個兒子李建成、李世民、李元吉各自建立黨羽，後來演變成玄武門兵變，成為「有黨必有讎」的最佳見證。

然而在得位之後，能像唐太宗李世民那樣，包容所有以前敵人之黨羽（最明顯的是魏徵，本來屬於李建成一黨），實屬鳳毛麟角。

高高在上自稱「寡人」的皇帝，就位後必須天下一統，所以不宜再有私黨，甚至最忌諱的就是臣下結朋黨。事實也是如此，朋黨相爭是一個政府最大的蠹害。

唐朝的「牛李黨爭」，兩派相互攻訐數十年，彼此內耗的結果，藩鎮坐大、宦官得利、外患頻仍，終至搞垮了帝國。在那段黨爭期間，雙方皆稱己方是「君子」，對方是「小人」，再好的人才、再好的政策，只因為那是「他黨」而全力杯葛，政府因而原地踏步，什麼事也做不了。

更明顯的例子是北宋王安石變法。當時的政治已經腐敗到相當程度，王安石提出一系列的改革措施很多的確切中時弊，但只因為「舊黨」杯葛，而逐一失敗。事實上，舊黨中不乏名臣，如司馬光、歐陽修、范純仁、富弼、蘇軾（東坡）等皆是，卻只為了「朋黨之私」，造成政府的內耗，北宋因而積重難返，喪失了改革中興的大好機會。

近代史上，清光緒「百日維新」提出的變法措施，也因「老母黨」（慈禧太后）壓過了「小子黨」而失敗，清朝因而滅亡，中國也陷入一百多年的苦難。

名句可以這樣用

儘管民主時代強調民主風度，但是結黨營私仍是人性中陰暗的一面，「有黨必有讎」的現象，實難以避免——狗改不了吃屎，也免不了為「屎」而打架。

皮之不存，毛將安傅
——忘恩負義的歪理

名句的誕生

秦饑，使乞羅[1]於晉，晉人弗與。慶鄭[2]曰：「背施[3]無親，幸災[4]不仁，貪愛不祥，怒鄰[5]不義。四德皆失，何以守國？」虢射曰：「皮之不存，毛將安傅[6]？」慶鄭曰：「棄信背鄰，患孰恤之？無信患作[7]，失援必斃，是則然矣。」虢射曰：「無損於怨，而厚於寇[8]，不如勿與。」慶鄭曰：「背施幸災，民所棄也。近[9]猶讎也，況怨敵乎？」弗聽。退曰：「君其悔是哉。」

～左傳・僖公十四年（慶鄭虢射議[10]閉[11]秦糴）

完全讀懂名句

1. 糴：穀入倉；出倉稱為「糶」。
2. 慶鄭、虢射：皆晉國大夫。
3. 背施：背叛（他人曾施與之）恩情。
4. 幸災：如「幸災樂禍」用法。
5. 怒鄰：激怒鄰邦。
6. 傅：附著。
7. 作：疑為「伐」字錯植。
8. 寇：對敵人的輕蔑稱呼，如「倭寇」。此處指秦國。
9. 近：親近，友好。
10. 議：辯論。
11. 閉：關閉，不給。

語譯：秦國農作歉收，派使者向晉國請求糧援，晉國不給。晉國兩位大夫為此在朝廷上展開辯論：

慶鄭說：「去年秦國以糧食援助我國，背叛恩情有失敦親睦鄰之道，幸災樂禍有失仁道，貪惜糧食不救災會招致不祥，因此而激怒鄰邦是忘恩負義，有這四種缺點，如何保全國家？」

虢射說：「國君（晉惠公）以前答應割讓五座城池給秦國，後來毀約，相形之下，不給糧食只是小事而已。好比皮（五城）都不存在了，毛（糧食）又能附著在哪呢？」（結怨已深，小惠不足以彌補裂痕。）

慶鄭：「背信在先，負恩在後，因而得罪了鄰國，以後有災難發生，誰來幫助？失信將招致討伐，失援將招致亡國，這是理之必然啊！」

虢射：「援助糧食無助於解怨，反而資助了敵寇，不如不給。」

慶鄭：「忘恩負義再加上幸災樂禍，會失去民心。這種作風即使是一向友好的國家都會因而生怨，何況已經結怨的敵國？」

晉惠公不聽慶鄭的意見。慶鄭在退朝後說：「國君將因此而後悔。」

名句的故事

之前秦穆公幫助晉惠公（夷吾）取得大位，但晉惠公反悔當初約定（割五城）。發生本事件的前一年，晉國歉收，秦國援助晉國糧食，而這一年晉國卻忘恩負義。

不但如此，晉惠公更趁此良機（秦國饑荒）攻打秦國。這下秦穆公真的火大了，說：「你要當國君，我幫你登上大位；你要糧食，我給你糧食；現在你要開戰，我能拒絕嗎？」

一場戰爭打下來，晉軍大敗，晉惠公被俘，幸賴秦穆公夫人（晉獻公的女兒，惠公的姊妹）攔著兒子和女兒，穿上喪服、站上柴堆，以自焚相脅，才答應晉國求和，放回晉惠公。

晉惠公回到國內，第一道命令就是殺了慶鄭，顯然晉惠公毫無悔意，慶鄭碰到這種昏君，悔之晚矣！

歷久彌新說名句

中醫有一本經典名著《傷寒論》，以「皮」比喻人的身體，以「毛」比喻物質享受，認為人不好好養生，只追求名利富貴，就是不思考「皮之不存，毛將焉附」的道理。

至於慶鄭的遭遇，歷史上像這樣的忠言之臣，卻沒有好下場，故事倒是一再重演。

三國時，袁紹與曹操在北方爭霸，袁紹帳下參謀田豐勸袁紹「靜以待時，不可妄興大兵，恐有不利」，被袁紹下獄待罪。

官渡大戰，袁紹慘敗，士兵搥胸大哭：「若聽田豐之言，我等怎遭此禍！」袁紹面子上掛不住，派人先到獄中殺了田豐，然後才班師。

反觀曹操，赤壁大戰慘敗之後，他搥胸痛哭：「如果郭嘉仍然在世，一定會勸阻我，不會讓我遭遇如此大敗！」

袁紹器氣狹窄，和晉惠公是同一流貨色，這種老闆肯定沒有人才願意追隨他，慶鄭和田豐是倒了八輩子的楣，碰到這種老闆，死路一條！而曹操呢？說他是奸雄也好，說他那一「哭」是演戲也好，這種作風肯定能夠吸引人才加入團隊。

名句可以這樣用

本句如今多做「皮之不存，安將焉附」。並請參考「螻蟻得意焉」一章，對靖郭君而言，齊國是「皮」，薛城是「毛」，如果保不住齊國，皮之不存，毛將焉附？就算薛城的城牆高達於天也沒用。

欲加之罪，其無辭乎
——認命伏誅之歎

名句的誕生

晉侯[1]殺里克[2]以說[3]。將殺里克，公使[4]謂之曰：「微[5]子則不及此[6]。雖然[7]，子弒二君與一大夫，為子君者，不亦難乎？」對曰：「不有廢[8]也，君何以興[9]？欲加之罪，其無辭[10]乎！臣聞命[11]矣。」伏劍[12]而死。

～左傳．僖公十年（晉侯殺里克）

完全讀懂名句

1. 晉侯：晉惠公。
2. 里克：人名，晉國大夫。
3. 說：同「脫」。殺里克以示自己非篡位。
4. 公使：國君的使節。
5. 微：同「非」，沒有。
6. 不及此：沒有今天（的君位）。
7. 雖然：雖然如此。
8. 廢：里克連廢二君。
9. 興：興起，此指返國為君。
10. 辭：說辭，理由。
11. 聞命：聽到（且接受）命令。
12. 伏劍：以劍自刎。

語譯：公子夷吾返回晉國即位成為晉惠公，他下令殺里克，以示他不是篡弒得位。（因為里克接連廢掉兩個國君，惠公此舉表示他不是和里克同謀。）

將要行刑之前，晉惠公派人對里克說：「沒有你（作亂）的話，寡人沒有今天。雖然如此，閣下連殺兩位國君和一位大夫（荀息），做為閣下的國君，豈不辛苦？（隨時生活在恐懼中。）」里克回答：「若不廢掉二君，國君又怎能就大位？總之，想要加罪名在我頭上，哪裡會找不到說辭呢？我接受命令就是了。」於是自刎而死。

名句的故事

晉獻公殺太子、逐二子（參考「一國三公，吾誰適從」）。獻公死後，驪姬生的兒子奚齊繼位，里克是公子重耳一黨（參考「有黨必有讎」），發動政變，殺了奚齊。奚齊的師傅荀息擁立驪姬妹妹所生的公子卓為君，里克再發動政變，殺了卓和荀息。

公子夷吾搶先回國，成了晉惠公，有三個理由要殺里克：一、里克是重耳一黨；二、里克當時掌握晉國政權；三、晉國輿論認為夷吾得位不正。於是他下令殺里克，一次解決三個問題。

歷久彌新說名句

《孟子》詮釋周武王伐紂：「聞誅一夫紂矣，未聞弒君也。」意思是，只聽說誅殺殘民以逞的獨夫紂，沒聽說弒君。

事實上，「弒」這個罪名，完全是以成敗論英雄，如果是重耳（晉文公）先回國就大位，里克就不會被接上罪名。「篡」也一樣，王莽失敗了就是「篡」，趙匡胤成功了就是「順天應人」。

名句可以這樣用

南宋秦檜誣殺岳飛時，韓世忠詰問秦檜：「岳飛謀反，有沒有證據？」秦檜說：「莫須有。」意思是不必有證據。也就是說，以前殺人還得有個「說法」，後來連說辭都省了！事實上，古今中外，絕大多數的政治獄，都是「莫須有」。

朝不及夕，何以待君

——時機緊迫痛下決心之諫

名句的誕生

齊人伐鄭，孔叔[1]言於鄭伯[2]曰：「諺有之曰，心則不競[3]，何憚於病[4]？既不能彊，又不能弱，所以斃[5]也。國危矣，請下[6]齊以救國。」公曰：「吾知其所由來[7]矣，姑少待我。」對曰：「朝不及夕，何以待君？」夏，鄭殺申侯[8]以說[9]於齊。

～左傳．僖公七年（楚文王知申侯不免）

完全讀懂名句

1. 孔叔：人名，鄭國大夫。
2. 鄭伯：鄭文公。
3. 競：強。不競：不能逞強。
4. 病：弱。此處解為「示弱」。
5. 斃：用於國家是「滅亡」的意思。
6. 下：求和、乞降。
7. 由來：為何而來。
8. 申侯：人名，申國國君將女兒嫁給楚王，所生的兒子。先受寵於楚文王，後受寵於鄭厲公。
9. 說：同「悅」。

語譯：齊國出兵攻打鄭國。孔叔對鄭文公說：「國君之心既不能逞強以對，為何又不能對齊示弱？既不用強又不示弱，（一直拖下去）國家就要亡了。懇請向齊國求和以拯救國家。」鄭文公說：「我知道齊國大軍為何而來，你暫且等我一段時間。」孔叔說：「情況危在旦夕，哪有時間等待國君延遲決策？」到了夏天，鄭國殺了申侯以取悅齊國。

名句的故事

申侯原本是楚文王的寵臣，文王臨終對他說：「你的為人貪財又不滿足，予取予求（語出此典），只有我能包容（其實是縱容）你。我死了以後，你趕快離開楚國，而且不可以去小國，因為小國無法保護你。」

申侯在楚文王死後，到了鄭國，又獲得鄭厲公的寵愛。鄭厲公死，鄭文公不喜歡申侯，藉此機會，對齊國說：「前次的誤會都是申侯的讒言所致。」就殺了申侯。

這個故事，在孔叔是「提醒朝不及夕」；在鄭文公是面子問題，想要求和但不想委屈自己；在申侯則是處境「朝不保夕」。

歷久彌新說名句

王莽亂政，人心思漢，天下群雄並起。割據成都的漢王（史稱成漢）李壽猶豫該稱王，還是稱帝？找了算命仙來卜卦，說：「可以有數年天子之命。」李壽的軍師解思明勸他：「只當幾年的天子，怎麼及得上百世的諸侯？」李壽說：「朝聞道，夕死可矣。」於是稱帝。

李壽遠在四川，原本沒有「朝不及夕」的危機，卻為了過皇帝癮，引致攻擊，沒幾年就亡了。事實上，他反正是割據四川，稱王、稱帝對他而言，實質是一樣的。

名句可以這樣用

用朝夕為對比的成語很多，如朝生暮死、朝三暮四等。「朝聞道，夕死可矣。」是孔子的名言，意思是「早上得見施行仁政，即使晚上死了也無遺憾」，但是像李壽這種昏君，不但曲解孔子原意，更將自己的虛名擺在國家利益之上，不如早早歸天算了。

匹夫無罪，懷璧其罪

——因貪而失國之鑑

名句的誕生

初，虞叔有玉，虞公求旃[1]，弗獻[2]，既而[3]悔之曰：「周諺有之：匹夫無罪，懷璧其罪。吾焉用此？其以賈[4]害也。」乃獻。又求其寶劍，叔曰：「是無厭[5]也，無厭將及我。」遂伐虞公。故虞公出奔共池[6]。

～左傳．桓公十年（虞公貪求玉劍）

完全讀懂名句

1. 旃：音ㄓㄢ，zhān，作受詞用，相當於「之」。
2. 獻：獻出。弗獻：不肯獻出。
3. 既而：隨後。
4. 賈：買。賈害：招致禍害，用法如「多言賈禍」。
5. 厭：滿足。同「貪得無厭」用法。
6. 共池：地名。

語譯：在此之前，虞叔（國君稱公，弟弟稱叔）有一塊美玉，虞公向他索取，虞叔起先不肯獻出美玉，但隨即後悔，說：「周朝有一句諺語：一個人原本無罪，但是因為他擁有璧玉而獲罪（因有財貨，惹禍上身）。我要這塊玉幹什麼，它只會帶來災禍而已。」於是向老哥獻出美玉。到了今年（左傳是編年紀事，這一年虞叔採取行動，而虞公求玉是之前的事），虞公又向老弟索取一把寶劍，這一次，虞公說：「老哥的貪心沒有滿足的一天，最終仍會殺我。」於是出兵攻擊虞公，虞公逃亡到共池。

名句的故事

虞國是公爵之國，但是到了春秋時代已經淪為小國。《左傳》對虞國的記載很少，除了這一則之外，就是「唇亡齒寒」的典故。晉國以美玉和駿馬賄賂虞公，借道滅了虢國，班師時「順道」滅了虞國。

前後兩個「虞公」應非同一人，但已可窺見虞國的主政者有著「貪」的血統，終於因貪而亡國。

歷久彌新說名句

宋國有一個人得了一塊「璞」（尚未切割琢磨的玉原石），拿去獻給宰相子罕，說：「我已經請玉匠鑑定過了，這的確是一塊寶玉，才敢拿來獻給您。」

子罕不接受，說：「我以『不貪』為寶，你以美玉為寶，如果送給了我，我們兩個都失去了自己的寶，不如各自仍懷抱自己的寶吧！」

那人說：「我是個平民，擁有這塊寶玉，連外鄉都不敢去（恐為盜賊所害），獻寶是為了免於禍害啊！」子罕於是安置他在自己的鄰里，並請玉匠切割、琢磨那塊璞，等那個人賣掉寶玉、發了財，才讓他回家鄉。

名句可以這樣用

宋國那位獻寶人都懂得「匹夫無罪，懷璧其罪」的道理，虞公卻為了貪慾而喪失了國家，這才是真正的「愚公」了！

人各有偶，齊大非偶
——小國依賴大國非福的避禍之策

名句的誕生

北戎伐齊，鄭太子忽帥師救齊，大敗戎師。公[1]之未昏于齊也，齊侯[2]欲以文姜[3]妻鄭太子忽，太子忽辭。人問其故，太子曰：「人各有耦[4]，齊大，非吾耦也。《詩》[5]云：自求多福，在我而已，大國何為[6]？」

～左傳・桓公六年（公子忽辭昏[7]桓公）

完全讀懂名句

1. 公：魯桓公。《春秋》是魯史，《左傳》中單稱「公」者，皆指本國（魯）君。
2. 齊侯：齊釐公。
3. 文姜：齊釐公的女兒，後來嫁給魯桓公。
4. 耦：同「偶」，配偶。
5. 詩：詩經。
6. 何為：何必倚大國為重。
7. 昏：同「婚」。

語譯：北方的戎族攻打齊國，鄭國太子鄭忽率鄭軍援救齊國，大敗戎軍。在魯桓公未與齊國通婚之前，齊桓公本有意將文姜嫁給鄭忽為妻，鄭忽婉謝了。有人問鄭忽為什麼（放棄結交大國的好機會）？鄭忽說：「結婚要門當戶對，齊國太大，不是鄭國通婚的對象。詩經上說：人要自求多福。求福得靠自己，何必倚重大國？」

名句的故事

鄭忽是鄭莊公的太子，當時莊公三個兒子都想爭君位，因此鄭國大夫祭仲（即前文中那位「有人」）對鄭忽說：「你沒有大國的外援，恐怕不利競爭國君大位。」但是鄭忽未接受。後來莊公逝世，鄭忽繼位為鄭昭公，卻因宋莊公支持他的外孫鄭突（鄭莊公次子），造成鄭忽逃亡出國，鄭突就位成為鄭厲公。

《詩經》有一首〈有女同車〉，就是鄭國人感嘆鄭忽不結交大國而失位所作。然而，鄭忽的決定仍然是對的，下文有詳細的描述。

歷久彌新說名句

魯桓公娶了文姜，後來帶文姜一同到齊國訪問，當時齊國國君是齊襄公，原本就和文姜（異母妹）有姦情，這一次魯桓公送上門來，舊情復燃。魯桓公不甘戴綠帽，對文姜發脾氣（史書只記載一個字「怒」，不知有沒有動手），文姜向齊襄公訴苦，齊襄公就在一次宴會上，命令齊國有名的大力士彭生，抱住魯桓公，拉斷了魯桓公肋骨而致死。

鄭忽說的「齊大非偶」就是避免了這種禍事，否則魯桓公的下場有可能降臨在他身上。然而，鄭忽因缺乏外援而失位也是事實，那怎麼樣才對呢？

名句可以這樣用

「齊大非偶」是一種有志氣、且有自知之明的表現，但必須具備「自求多福」的原則。如果本身不能自立自強，卻又嘴硬不倚仗外援，那就只是逞強而已了。

多行不義必自斃
——縱慾養惡之策

名句的誕生

（祭仲）對曰：「……無使滋蔓[1]，蔓難圖[2]也。蔓草猶不可除，況君之寵弟乎？」公曰：「多行不義必自斃[3]，子姑待之。」

～左傳・隱公元年（鄭伯克段於鄢[4]）

完全讀懂名句

1. 滋蔓：指草木蔓延生長。
2. 難圖：難以消除的意思。
3. 自斃：自取滅亡。
4. 鄢：音ㄧㄢ，yān，國名，春秋時代周屬國之一，後為鄭所滅。

語譯：（祭仲勸諫鄭莊公，不可任令弟弟叔段坐大）：「不能任令情勢如草之滋長蔓延，一旦蔓延將難以處理。野草滋蔓尚且難以清除，何況是受寵難制的國君弟弟？」鄭莊公說：「（叔段）做了很多不義之事，將自取滅亡，先生暫且等待一段時間吧！」

名句的故事

鄭莊公的母親偏愛小兒子叔段，一再為小兒子請求更多封邑，於是叔段漸漸坐大。鄭國大夫祭仲、公子呂等一再請求「處理」叔段，莊公都安撫他們「再等一等」。

終於，叔段完成了作亂準備，並且聯絡母親為內應，將要偷襲鄭國都城。而莊公早已掌握叔段動向，乃下令：「可以行動了。」出兵討伐叔段，叔段逃亡國外，莊公並將母親放逐到外邑，發誓「不到黃泉不相見」。

後來，莊公又後悔放逐母親，但卻又不敢違背誓言，幸得潁考叔獻計：挖一條隧道直到地下水層（黃泉），然後母子在地道中見面，恢復母子之情。

歷久彌新說名句

後人對鄭莊公的作為有持否定之論者，認為鄭莊公是刻意「縱慾養惡」，讓弟弟的惡行持續累積，然後才一舉消滅，並且沽名釣譽讓人們認為他是「仁至義盡」，其實是「用心至險」。

但是對照另一個故事：唐朝睿宗時，太平公主意圖政變，姚崇、宋璟進諫：「將公主移往東都洛陽。」睿宗說：「朕已無兄弟（被武則天除光了），只有這麼一個妹妹，只希望每天朝夕能見一面，你們就別再提了。」其結果是姚崇、宋璟被外放，而太平公主果然發動政變，失敗被誅。唐睿宗用心是「仁厚」的，但是姑息的結果，並不能夠保住他的妹妹，而鄭莊公的「姑待」與唐睿宗的「姑息」，哪一個比較好呢？

名句可以這樣用

「多行不義必自斃」出自鄭莊公之口，意思是有所準備而等待時機，是正面且積極的；後世引用卻有「等著瞧吧，幹多了歹事，一定不會有好下場的」意思，就是負面且消極的了。

明代的文嘉作了一首〈明日歌〉：「明日復明日，明日何其多……。」這兩句我們琅琅上口，但他還有一首〈今日歌〉，起首二句是：「今日復今日，今日何其少……。」後面有二句「若言姑待明朝至，明朝又有明朝事」——如果總是「姑待」不義者自斃，只怕善良百姓先活不下去了！

戰國策100

領導統籌之策

一梟之不如，不勝五散
——授權下屬之策

名句的誕生

臣聞之，賁、諸[1]懷錐刃而天下為勇，西施衣褐[2]而天下稱美。今君相萬乘之楚，禦中國[3]之難[4]，所欲者不成，所求者不得，臣等少[5]也。夫梟棊[6]之所以能為[7]者，以散棊佐之也。夫一梟之不如，不勝五散，亦明矣。今君何不為天下梟，而令臣等為散乎？

～戰國策．楚策

完全讀懂名句

1. 賁、諸：孟賁與專諸，二人皆古之勇士。
2. 衣：動詞，穿。褐：粗布衣裳。
3. 中國：中原諸侯。楚被視為南方。
4. 難：兵難，武力侵犯。
5. 少：出力少，沒貢獻。
6. 棊：同「棋」、「碁」。梟：古時棋戲中首腦之棋子，如象棋中的將帥。「梟雄」指群雄之首。
7. 能為：能勝、有力量。

語譯：我聽說，孟賁、專諸等勇士即使只身懷匕首，天下人仍認為他是勇者；西施即使穿著粗布衣裳，天下人仍認為她是美女。如今閣下擔任萬乘之楚國的宰相，負責抵禦中原諸國的侵犯，卻不能得到心中所想要的（意指未獲天下人之稱讚與聲譽），那是因為臣等出力太少的緣故（說是自己不才，其實是指春申君不下放權力）。拿下棋來比喻的話，「梟」之所以勝利，是因為有其他散棋幫助，所以，一個「梟」不如五個散棋的戰力，道理就很明顯了。閣下何不作天下的「梟」，讓我們擔任散棋呢？

名句的故事

這是說客唐且對楚相春申君黃歇的進言。

戰國四大公子：齊孟嘗君、趙平原君、魏信陵君、楚春申君都以「爭（禮遇）下士、賓客」著稱。然而，由《史記》對四人的記載觀之，孟嘗君有馮驩「市義」、有「雞鳴狗盜」；平原君有毛遂「三寸之舌，強於百萬之師」；信陵君有侯嬴、朱亥為他盜符奪兵。只有〈春申君列傳〉沒有門下賓客表現的記載，其可能性有二：一是春申君養了一群酒囊飯袋，一是他不肯下放權力。以本章觀之，應屬後者。

也因此，四大公子當中，春申君的下場最差。（詳見「無妄之福，無妄之禍」一章。）

歷久彌新說名句

人類社會愈進步，分工授權就愈重要，甚至連古棋都演化為象棋——將帥不出宮，而由「俥傌砲」在外面衝鋒陷陣。

三國時的曹操，被當時「月旦人物」出名的許邵評為：「治世之能臣，亂世之梟雄。」也就是說，若生在太平治世，會成為能幹的大臣；若逢亂世，將成為群雄當中的「梟」——此所以曹操「聞之大喜」，因為他正逢亂世！然而，曹操以唯才是用著稱，一「梟」已經夠強，還能得眾散棋之助，難怪曹操建立了大業。

名句可以這樣用

現代較常用的類似意思句子有「一個諸葛亮，不如三個臭皮匠」，或「三個臭皮匠勝過一個諸葛亮」，都是眾人之智勝過一人英明的意思。

不爲爵勸，不爲祿勉

——君王好賢臣子盡忠之策

名句的誕生

彼有廉其爵、貧其身，以憂社稷者；有崇其爵、豐其祿，以憂社稷者；有斷脰[1]決腹[2]、壹瞑而萬世不視[3]、不知所益[4]，以憂社稷者；有勞其身、愁其志，以憂社稷者；亦有不為爵勸，不為祿勉[5]，以憂社稷者。

～戰國策・楚策

完全讀懂名句

1. 脰：音ㄉㄡˋ，dòu，頸部。斷脰：砍腦袋。
2. 決：同「絕」。決腹：切腹、腰斬。
3. 壹瞑而萬世不視：眼睛閉上就此長眠不醒，視死如歸之意。
4. 益：利益。不知所益：不為自己求利益。
5. 勸、勉：皆「受鼓勵而努力」之意。

語譯：有為官清廉、兩袖清風，而憂國憂民的（官員）；有身居高位、享受厚祿，而憂國憂民的；有不怕砍頭、不怕腰斬、視死如歸，完全不追求一己之利，而憂國憂民的；有勞其筋骨、苦其心志，而憂國憂民的；也有不因為官爵、俸祿而憂國憂民的。（他們的動機各不同，但是憂國憂民都一樣，不應有高下之分。）

名句的故事

楚威王問莫敖（官名）子華，從最早的祖先楚文王到現在，有沒有不為官爵、利祿而仍憂國憂民的臣子呢？這番問話顯示，當時楚國朝廷都是那種「爭權攘利」的貨色。

子華不能回答國君說：「追逐名利是人的天性，不為名、不為利而仍憂國憂民，其實是稀有動物！」於是只好用前述說法，並且舉例說明：

令尹（官名）子文穿著粗衣，每天早朝晏退，家裡沒有一個月的儲蓄，這是清廉自守而憂國憂民的典型。

葉公（封邑在葉城）子高平定內亂、威名鎮懾諸侯而不受外患，食祿六百畛（約一千畝），這是高爵厚祿而憂國憂民的典型。

莫敖（官名）大心衝鋒陷陣、拋頭顱灑熱血，不追求自己的利祿，這是視死如歸而憂國憂民的典型。

棼冒（官名）勃蘇在楚王蒙難時，走路七天七夜到達秦國，在秦國宮廷哭了七天，滴水、粒米未進，終於討回救兵，匡復國土，這是勞苦身心而憂國憂民的典型。（這個故事就是「申包胥哭秦廷」。）

吳軍攻入郢都（伍子胥報仇），楚國君臣四散逃難，楚人蒙穀收拾宗廟裡的政府檔案，運到船上收藏。等到楚王回朝，蒙穀獻上典籍，才能迅速恢復施政秩序。楚王要封他執圭（爵位名），給他食邑六百畛，蒙穀說：「我並不是王的臣子，而是國家的臣子。」他不接受，並進入山中隱居。這是不為官祿而憂國憂民的典型。

子華的結論是：君王若喜歡賢臣，上述五種賢臣都可以得到而任用——只要臣子能憂國憂民，為國君、社稷、人民貢獻心力，他們是否追求權力、官祿，就不是重點。

歷久彌新說名句

宋朝和明朝各有一位神宗，兩位神宗各任命了一位宰相王安石與張居正進行大規模改革，但是王安石和張居正的作風卻截然不同。

王安石十九歲時父親過世，全家數十口人的生活頓時陷入困境，經常以野菜充饑。因此，王安石對社會上的貧富懸殊，農民大眾「豐年僅得溫飽，凶年不免於死亡」的勞苦，有著深切體認。因此，他的作風就是不修邊幅，有一次還被神宗皇帝在他的鬍鬚旁，抓下蝨子！

張居正家世雖不顯赫，但是他從小就被視為神童，受到湖廣巡撫顧璘的器重，說：「此子將相才也！」二十三歲就中了進士，入了翰林院，成為「儲相」。所以他少年得志，宦途一路順風，儘管他整飭吏治，要求官吏清廉政風，但是他本人的私生活卻非常奢侈，積聚了許多書畫藝術品和珍玩古董，家裡還養了很多歌伎。

然而，不修邊幅或居家奢華，都無損他二人的推動改革與憂國憂民之心。重點在於二位神宗皇帝都有心要做大改革，也能任用有能力且憂國憂民的宰相。

名句可以這樣用

「政」是眾人之事，「政治」是管理眾人之事。因此，管理學必定得符合人性才行得通。也就是說，政令必須符合人性，老百姓才能接受。公務員也要有「動機」，才能努力辦公家的事，所謂動機，一是官職，二是俸祿。所以，要求公僕「枵腹從公」是違反人性的，要求他們「宵旰（早晚）勤勞」則屬合理。「不為爵勸，不為祿勉」真的是稀有動物，而且很容易絕種！

見可而進，知難而退

——三軍一心共擔責任之策

名句的誕生

晉師救鄭，及河，聞鄭既[1]及楚平[2]，桓子[3]欲還，曰：「無及於鄭而勦[4]民，焉用之？楚歸而動，不後。」隨武子[5]曰：「善。……見可而進，知難而退，軍之善政也，兼弱攻昧[6]，武之善經[7]也。」彘子[8]曰：「不可。晉所以霸，師武臣力也。……由我失霸，不如死。」韓獻子[9]曰：「子為元帥，師不用命，誰之罪也。……事之不捷，惡有所分，與其專罪，六人同之，不猶愈[10]乎？」師遂濟[11]。

~左傳・宣公十二年（荀林父知難冒進）

完全讀懂名句

1. 既：已經。
2. 平：投降。
3. 桓子：晉大夫荀林父。
4. 勦：同「剿」，殺也。
5. 隨武子：晉大夫士會。
6. 兼：兼併。昧：昏而不明。兼弱攻昧：兼併弱國，攻打亂國。
7. 經：法則。
8. 彘子：晉大夫先穀。
9. 韓獻子：晉大夫韓厥。
10. 愈：勝。
11. 濟：渡河。

語譯：晉軍援救被楚軍攻打的鄭國，軍隊到達黃河邊，接獲情報鄭國已經投降，元帥荀林父就準備班師，說：「已經救不到鄭國，進軍徒然犧牲人命，何必呢？如果楚軍再有行動，我們再進兵不遲。」

士會說：「對啊。……看見時機可以而進兵，知道困難而退軍，兼併弱國、攻打亂國，這正是兵家的至高法則。」

先縠持不同意見：「晉國之所以稱霸，全仗軍隊之威與群臣盡力。……如果霸業從我們手中失去，不如戰死。」

韓厥道：「閣下身為元帥，如果大軍無功而返，責任歸誰？（歸元帥一人）……即使進軍而不能取勝，惡名將由三軍分擔。與其一人扛下所有罪名，不如三軍六將共同負責，不是比較好嗎？」於是大軍渡河。

名句的故事

晉國有上、中、下三軍（三個兵團），中軍將荀林父兼遠征軍統帥，中軍副將就是先縠，上軍將士會、副將郤克，下軍將趙朔、副將欒書，也就是前述的三軍六將。

由前述決策過程可知，荀林父是一位優柔寡斷的統帥，部下左一言、右一語，就改變了他原先的決定。

這一次進軍，碰到的對手是春秋五霸之一的楚莊王，以及剛打完勝仗、士氣正高昂的楚軍，結果「晉楚邲之戰」成為扭轉國際局勢的重要一役。晉軍大敗，撤退時爭相渡河，已上船者拔刀砍斷攀在船邊同袍的手指，《史記》記載「舟中人指甚眾」。

敗軍之帥荀林父自請死罪，晉景公原本想要批准，但後來聽了大夫士渥的勸諫，不但沒殺荀林父，並且仍讓他擔任中軍將——或許，這是韓厥當初獻策的功勞，但是，不打這一仗，晉國的霸主威名可能不會毀於一旦。不過話說回來，這樣荀林父的中軍將郤真的可能得下台；易言之，韓厥保住了老闆官位，卻害了國家。

歷久彌新說名句

然而，那位有勇無謀的中軍副將先穀所說「晉所以霸，師武臣力也」，卻是至理名言——群策群力才是國家強盛最大本錢。

八年之後，晉軍在一次戰役中擊敗齊國，諸將進宮晉見國君時，上軍將范文子故意遲到；晉景公嘉獎中軍將郤克，郤克推崇是「諸將之力」；下軍將欒書也說是「士卒用命」。以前能「有罪同擔」，後來能「有功互讓」，顯見晉國的執政團隊向心力極強，不爭功、不諉過，於是造就之後的晉悼公在五霸之後重建霸業，晉國成為春秋中期的唯一霸王。

名句可以這樣用

「見可而進，知難而退，兼弱攻昧」的原則，用白話俗語就是「柿子揀軟的吃」；「由我失霸，不如死」頗有氣概，用軍中俗語講就是「怕死不當兵」。孰對？孰不對？還真難論定。暴虎馮河固然經常招致災難，但若只會欺負弱小，不能抑強扶弱，那就稱不上霸王，只是「惡霸」而已！

戰勝於朝廷——不戰而稱霸諸侯之策

名句的誕生

令初下，群臣進諫，門庭若市；數月之後，時時而間[1]進；期年[2]之後，雖欲言，無可進者。燕、趙、韓、魏聞之，皆朝[3]於齊。此所謂戰勝於朝廷。

～戰國策・齊策

完全讀懂名句

1. 時時而間：不時或偶爾。
2. 期年：一年。
3. 朝：朝貢、稱臣。

語譯：齊威王的命令下達之初，群臣爭相進諫，使得宮門和前庭有如市場一般（形容人多）；幾個月以後，偶爾還有人進諫；一年以後，雖然還有人想要進諫，卻已沒有題目可做了。燕、趙、韓、魏四國聽說（齊國大治，施政無缺失），都向齊威王朝貢。這就是所謂的「在朝廷上戰勝數國」。（內政修明，人心團結，國家一定強。）

名句的故事

齊威王下達什麼命令？他的命令是：「群臣、官吏、百姓，能夠當面指出寡人過錯者，受上賞；上書諫言者，受中賞；街頭巷議得到政府採納者，受下賞。」有賞且無罪，當然搶著進諫。

齊威王為何下此令？因為宰相鄒忌對他說：

「齊國既大又強盛，大王宮中嬪娥和侍臣都有求於大王，群臣都畏懼大王，所以大王一定被蒙蔽得很厲害。」於是威王下達「求諫令」。

鄒忌為何向國君進言？因為他的妻妾、賓客都說他比城北徐公還要英俊，可是他自己對著鏡子，怎麼看都比不上城北徐公，於是覺悟「妻妾都想討好我，賓客都有求於我」，因而昧著良心說好聽的話。鄒忌將此事告訴齊威王，藉以點醒國君「聽諫以除弊」。

歷久彌新說名句

進諫者有賞，各種批評必定大量湧至。然而，幾個月以後數量驟減，一年以後不再有題目，意味著一件事：所批評之事，都已獲得改善！

齊恒公和管仲一同出遊，途中看到一個廢城墟，桓公問：「這是什麼？」管仲回答：「這是從前郭公（郭國之君）的城址。」

桓公：「郭公的作風如何？」管仲：「郭公善善惡惡。」（郭公喜歡善事，厭惡壞事。）

桓公：「善善惡惡怎麼會亡國？」

管仲：「因為郭公善善而不能行（不去行善），惡惡而不能去（無法除惡）。」

獎勵諫言，重在革除弊端，否則就是白講。若僅止於聽諫而不能力行以興利除弊，天天有人講一樣的事情，聽多了也會煩！

名句可以這樣用

古代名將「不戰而屈人之兵」，就是以信義、軍紀為武器，敵人自忖打不贏，而不敢來犯。「戰勝於朝廷」則不限於軍事範疇，只要內政修明，外交是內政的延長，軍事是外交的手段，就會有「在朝廷上戰勝敵國」的效果。

君臣無禮，而上下無別

——禮遇重臣以免貳心之策

名句的誕生

安平君之與王也，君臣無禮[1]，而上下無別，且其志欲為不善[2]。

～戰國策・齊策

完全讀懂名句

1. 無禮：不守君臣之間的禮節。
2. 不善：壞事，意指「謀反」。

語譯：安平君（田單）事奉大王，不守君臣之間應有的禮節（分際），造成君主和臣下沒有分別，而且他的內心是想要謀反篡位。

名句的故事

田單打敗燕軍，恢復齊國失地，齊國人都以為田單會自立為王，但是田單迎接王子田法章即位，是為齊襄王。襄王則任命田單為宰相，號安平君。因此，田單的聲望有凌駕國君之勢乃理所當然，而齊襄王身邊的倖臣經常在他面前「打針下藥」，前述就是其中一次，而佞臣詆毀忠良，最常見就是「誣以謀反」。

齊襄王聽了前述「小話」，有一天，下令：「叫宰相（田）單來見我。」田單取下帽子（披髮）、脫了鞋子、袒露上身晉見（請罪的標準動作），自請死罪。過了五天，襄王對田單說：「閣下並無罪，只不過希望閣下守臣子之禮，我則守君王之禮而已。」

齊國大夫貂勃出使楚國歸來，齊襄王擺酒筵款待他，酒酣耳熱，襄王吩咐：「叫宰相單來。」貂勃離開座位向襄王行禮，說：「大王怎麼會說出這種亡國之語？想當年，周文王禮遇呂尚，稱他為太公；齊桓公禮遇管仲，稱他為仲父；但是大王今天卻『單、單』直呼安平君的名字。自古以來，有哪一個臣子的功勞比安平君更大？當年若不是安平君迎接大王與王后，大王哪能君臨齊國？如今大王直呼其名，即使嬰兒的智慧也不致如此（愚蠢）。」齊襄王猛然醒悟，下令誅殺九位誹謗田單的佞臣。

歷久彌新說名句

開國君主如劉邦、朱元璋得天下後誅殺功臣，因為他倆是赤手空拳打下來的天下，而那些一同打天下的「兄弟」沒規矩慣了，以致於「君臣無禮，上下無別」，不殺掉難以治國。

豪族出身的開國君主如李世民、趙匡胤得天下之後，都能禮遇功臣，或「杯酒釋兵權」，因為這些功臣不是「兄弟」，本來就是家臣、家將，規矩始終維持。

齊襄王是極為獨特的例子，他的天下是田單拱手送上的，根本沒有和田單翻臉的餘地，其處境差可比擬的是唐代宗和郭子儀。

郭子儀是平定「安史之亂」的名將，當時的唐皇室中衰，藩鎮跋扈、外患囂張，朝廷使喚得動的藩帥幾乎全都是郭子儀的部將，回紇人只聽郭子儀的，契丹與吐蕃則只畏懼郭子儀。郭子儀爵封汾陽王，兒子郭曖則娶了代宗的女兒昇平公主，可以說當時唐王朝是郭子儀一個人撐起來的。

有一天，郭曖和昇平公主小倆口吵架，公主說：「我老爸是天子耶！」郭曖說：「我老爸才不稀罕當天子！」

公主一氣之下進宮告狀，代宗對女兒說：「郭曖說得不錯。如果他老爸想當天子的話，皇位哪輪得到我們家呢？」說完，命令女兒回家。

郭子儀聽說此事，急忙將郭曖綁起來，專車

送進宮中待罪。唐代宗見了郭子儀，說出一句名言：「不癡不聾，不為家翁（大家長）。兒女子閨房之言，何足聽也？」平息了這場風波。

唐代宗運氣好，郭子儀一絲絲篡位之心都沒有，所以能當他的現成皇帝，同時也因為這位皇帝「識相」，所以和郭子儀之間得以和平共存。

齊襄王運氣更好，田單基本上是齊王同族，當時齊閔王已死，田單復國後，自立為王也沒啥不可以，他能迎立襄王而且毫無貳心，的確前無古人後無來者。齊襄王不是唐代宗那種懦弱之主，幸虧有貂勃進諫，他又能頓悟前非，才沒有逼反田單。

名句可以這樣用

話說回來，歷史上那麼多權臣篡位的事例，莫不都肇因於「君臣無禮，上下無別」。權臣一再要求加封，皇帝則節節退讓，直到「加九錫、假黃鉞」——同皇帝儀仗，既然距皇位只差一步，局面也在掌握之中，那何不自己當起天子呢？所以，皇帝該不該「懺悔」？其實沒有一定，得看情況。

一鼓作氣，再而衰，三而竭

——掌握氣勢消長之策

名句的誕生

齊魯戰於長勺[1]。公[2]將鼓[3]之，劌曰：「未可。」齊人三鼓，劌曰：「可矣。」齊師敗績[4]，公將馳[5]也，劌曰：「未可。」下視其轍[6]，登軾[7]而望之，曰：「可矣。」遂逐齊師。既克[8]，公問其故，對曰：「夫戰，勇氣也。一鼓作氣，再而衰，三而竭。彼竭我盈，故克之。夫大國難測也，懼有伏焉。吾視其轍亂，望其旗靡，故逐之。」

～左傳．莊公十年（曹劌論戰）

完全讀懂名句

1. 長勺：地名。
2. 公：魯莊公。
3. 鼓：古時「擊鼓進軍，鳴金收兵」，戰場上人馬雜沓，以鼓聲和鑼聲指揮部隊進退。
4. 敗績：陣地潰散。
5. 馳：馳車追擊。
6. 轍：車軌跡。
7. 軾：車前橫木。
8. 克：打勝仗。既克：打贏，且戰鬥告一段落後。

語譯：齊國和魯國在長勺交戰。魯莊公想要下令擊鼓進軍，曹劌表示「還不行」；等到齊軍擂鼓三通，曹劌才確認「可以了」。齊軍陣地崩潰，魯莊公想要馳車追擊，曹劌說「還不行」；他下車檢視齊軍車轍，再登上車軾遠望一番，才認為「可以了」，果然將齊軍趕出國境。清理戰場時，魯莊公問曹劌是基於什麼因素來決定「可以或不可以」，曹劌回答：「兩軍對陣靠軍隊的勇氣，第一通鼓響起時，士卒勇氣飽滿，第二通時就弱了，等到第三通鼓，氣已經洩得差不多了。趁敵軍氣洩之時，我軍打第一通鼓，士卒充滿勇氣，所以打贏對方。然而，齊是大國，可能設有伏兵，我看他們的車轍紛亂、旌旗委靡，是真敗，而非詐退，所以才放心追擊。」

名句的故事

曹劌隨同魯莊公出戰之前，君臣間尚有一段對話：

曹劌問：「魯國憑什麼可以和齊國一戰？」魯莊公先表示「衣食和人民共享」，曹劌認為那只是「小惠」，而且並不能遍及全民，不足以戰。

莊公再提出「祭祀時不敢增加犧牲，必定依照制度來」，曹劌仍然認為那是「小信」，不足以令全民願意上戰場。

莊公再說「司法審判必定力求公正」，曹劌這下子認同了，於是隨同魯莊公出戰。

《東萊博議》評論這一段時認為，「獄死地也，戰亦死地也」，老百姓視入獄為性命交關的事情，執政者平時能為人民死活著想，到了戰時，人民才肯為國君拚命。易言之，若政府平時不顧人民死活，到了戰爭臨頭，人民當然不願意為國君打仗。

歷久彌新說名句

戰國時，秦軍攻打趙國的閼與，趙王召見老將廉頗，廉頗說：「閼與這地方，路途遠，道路又狹，不易作戰。」趙王再召見樂乘，回答也差不多。

最後，趙王召見趙奢，趙奢說：「地遠而路狹是事實，然而在那種地形作戰，好比兩隻老鼠在地下穴道中相鬥，彼此都無退路，比較勇敢的一方就會獲勝。我認為，必須派一位勇敢的將領去作戰。」

於是趙王派趙奢領兵馳援閼與。趙奢離開邯鄲三十里，就深溝高壘不再前進，一連二十八天不動如山，並且禁止部下主張進兵，違者處斬。直到軍營中抓到一個秦軍奸細，趙奢善待他，並且放他回去。然後趙奢下令全軍拔營出動，日夜兼程，兩天一夜後到達閼與，雙方會戰，趙奢大破秦軍。

另一個故事是秦國大將王翦帶兵攻打楚國，到了前線，王翦深溝高壘、堅壁不出，楚軍挑戰也不回應。這一段日子裡，讓將士吃得好、睡得好、沐浴充分。

直到有一天，王翦問部將：「士兵都在幹些什麼（以打發無聊日子）？」

部將回答：「都在比投擲石頭，誰投得遠就贏。」

王翦說：「士卒可用了。」

楚軍面對不動如山的秦軍，等得不耐煩，準備撤軍回國。楚軍一動，王翦立即發動猛攻，殺了楚軍統帥項燕（亦即項羽的族長），一年多的時間，滅了楚國、虜回楚王。

名句可以這樣用

趙奢和王翦都是運用了「彼竭我盈」的戰術，以「一鼓作氣」的軍隊攻擊「再衰三竭」的敵手，而贏得決定性的勝利。

挾天子以令天下
——威鎮天下之策

名句的誕生

（張儀）對曰：「……據九鼎[1]，按圖籍[2]，挾天子以令天下，天下莫敢不聽，此王業也。」

～戰國策・秦策

完全讀懂名句

1. 九鼎：指夏禹時，以九州貢金鑄成的鼎，在夏、商、周三代是象徵國家政權的傳國寶器。
2. 圖籍：地圖戶籍。

語譯：張儀說：「得到九鼎（政權的正統），掌握天下地圖戶籍，再假藉周天子的名義號令天下，天下諸侯誰敢不服從？這是王天下的大業啊！」

名句的故事

秦惠王有心爭勝天下，於是徵詢大臣意見，決定戰略方針。司馬錯和張儀展開一場辯論，司馬錯主張先攻蜀（四川），張儀主張先攻韓（山西），也就是南進和東進的戰略辯論。

張儀認為，直取中原才是王業的正道，而西蜀是邊區、戎狄之地，他提出「爭名者於朝，爭利者於市」，而周王室與中原之地是「天下之朝市」，攻打西蜀則是「繞遠路」了。

司馬錯則認為，以秦攻蜀就如「使豺狼逐群羊」那般容易，而且得地、得財卻不驚動中原諸侯，是擴張實力而無風險的戰略；問鼎中原反而是迫使諸侯聯合抗秦的危險戰略。

秦惠王最終裁決，採納司馬錯的戰略，秦國取得蜀地之後，國力更強，再用張儀「遠交近攻」之策，蠶食六國、一統天下。

歷久彌新說名句

東漢末年群雄並起，曹操後來能夠削平北方群雄，很重要的一個因素是手中握有漢獻帝這張王牌，能夠挾天子以令諸侯，而他的頭號敵人袁紹卻坐失良機。

袁紹是各路諸侯起兵圍剿董卓的「諸侯長」，在董卓失敗之後，有人勸他迎回落難的漢獻帝，可是他心裡想的卻是「正好藉此機會拋棄掉這個名存實亡的無用皇帝」，以為皇帝不在了，就屬他最強大，因此沒有採取任何行動。

曹操的謀士荀彧則建議曹操：「從前晉文公安定周襄王，諸侯因而服從；漢高祖為義帝發喪討伐項羽，贏得天下歸心。如今天子蒙塵，我們應該趕快奉迎天子，若遲了，他人將捷足先登！」曹操採納這個建議，成就了大業。

對照秦惠王和曹操的故事，孰對？孰不對？很難說。只不過，秦惠王可以先攻蜀，徐圖東進；曹操則身處四戰之地，實力又非最強，時間、空間都沒有彈性，不能慢慢來。

名句可以這樣用

張儀和司馬錯的辯論非常精采，不但雙方論理精闢，且其中名句甚多，除了前面引述過的幾句，還有「欲富國者，務廣其地；欲強兵者，務富其民」、「一舉而名實兩附」等，有興趣的讀者不妨將原文全篇細讀。

去邪無疑，任賢勿貳
——推心置腹之策

名句的誕生

寡人以王子為子任，欲子之厚愛之，無所見醜[1]。御道[2]之以行義，勿令溺苦[3]於學。事君者，順其意不逆其志；事先[4]者，明其高不倍[5]其孤。故有臣可命，其國之祿也。子能行是，以事寡人者畢[6]矣。書[7]云：「去邪無疑，任賢勿貳[8]。」寡人與[9]子，不用人[10]矣。

～戰國策・趙策

完全讀懂名句

1. 見醜：嫌棄。
2. 御道：引導。
3. 溺苦：陷入（死讀書）痛苦。
4. 先：先人、先君。
5. 倍：同「背」，背叛、辜負。
6. 畢：完成。
7. 書：《周書》。
8. 貳：貳心。
9. 與：託付。
10. 人：他人。

語譯：（趙武靈王對周紹說）寡人將王子託付給閣下，希望你好好教導他，不要嫌棄。引導他走正路，但不要讓他讀死書。事奉國君的人要體會國君的意志，不可違背；事奉先王的人要彰顯先王德政，不辜負遺孤。所以說，有大臣可以託付重任，是國家的福氣。閣下能做到以上所說，就是完成寡人交付的任務了。

《周書》上說：「去除邪惡不能遲疑，任用賢能不存貳心。」，寡人將（太傅）重任託付給閣下，不考慮其他人了。

名句的故事

趙武靈王任命周紹為王子趙何的太傅，可是周紹不贊成「胡服」改革（參考「法古不足以制今」一文），要武靈王另請高明。於是武靈王對周紹說出前述推心置腹的話，一方面給他戴高帽子，除他之外不做第二人想；二方面要他「順其意不逆其志」，加入「胡服」行列；三方面要他「不讓王子讀死書」，也就是不拘泥古禮俗、制度，以後仍能貫徹「先王」的政策。

周紹終於答應，於是趙武靈王賜給他胡服冠帶，讓他穿著胡服教導王子。

歷久彌新說名句

武靈王「用賢不貳」，可是傳位給兒子卻有「貳心」。他起初立長子趙章為太子，後來又廢太子，改立前述那位王子趙何為太子。接著又傳位給趙何（趙惠文王），自己統率三軍號稱「主父」（君主之父、太上皇）。

可是主父看見長子向弟弟叩拜稱臣，又覺心中不忍，因而有意將國土分成兩塊，讓兩個兒子分治。結果惠文王發動兵變，將老爸圍困在沙丘宮，最後餓死。

名句可以這樣用

「用人不貳」已經成為領導者的圭臬，充分授權更是分層負責的精義。然而，充分授權的先決條件是用人得宜，若是人品不好、專長不符、才能不足者，充分授權反而變成災難。所以，本句任「賢」不貳才是正確。

舌以柔存，齒以剛亡
——至柔勝至剛之理

名句的誕生

（常摐[1]）張其口而示老子[2]曰：「吾舌存乎？」老子曰：「然！」「吾齒存乎？」老子曰：「亡[3]！」常摐曰：「子知之乎？」老子曰：「夫舌之存也，豈非以其柔耶？齒之亡也，豈非以其剛耶？」

～說苑・敬慎

完全讀懂名句

1. 常摐：人名。考證以為是商紂王時大夫商容，因直諫而被貶。
2. 老子：名李耳，道家始祖。
3. 亡：同「無」。牙齒沒了，掉光了。

語譯：常摐張開嘴巴讓老子看了看，然後說：「我的舌頭在嗎？」老子說：「在啊！」常摐又問：「我的牙齒在嗎？」老子說：「沒了！」常摐問：「你明白個中道理嗎？」老子說：「舌頭依然存在，莫非是因為它柔軟嗎？牙齒掉光了，莫非是因為它剛強嗎？」

名句的故事

《說苑》這一節談治國的剛、柔之道，先藉老子去探常摐的病引出主題，再以晉國大夫韓平子與叔向的對話申論：牙齒掉落，而舌頭長存，是「天下之至柔，馳騁乎天下之至剛」，並且旁證以「人的身體活著時柔軟，死了變剛硬；草木活著時柔嫩，死了變枯槁」，以推論柔能生，而剛招亡。最後再以齊桓公的話做結論：「金屬剛強則折斷，皮革剛強則龜裂，人君剛強則國家滅，人臣剛強則交友絕。」

歷久彌新說名句

剛強易折的道理大家都懂，事緩則圓的道理大家也懂。但是，柔一定能克剛嗎？卻未必盡然。

戰國時，齊襄王（田單復齊時擁立之王子田法章）的王后賢明，在襄王死後垂簾聽政，時稱「君王后」。她對強大的秦國採低姿態，對其他諸侯以誠信交往，因此，齊國有四十多年未發生戰爭。

秦昭王曾經派使者送一組玉連環去齊國，說：「聽說齊國能人很多，有誰能解開這玉連環嗎？」君王后讓群臣傳觀那玉連環，沒有人會解。於是君王后叫人拿來木槌，一傢伙將玉連環擊碎，對使者說：「這就解開了嘛！」

君王后以「柔道」應付秦國，可是低姿態不能被對方視為軟弱，軟弱只會招來更多屈辱。秦昭王送玉連環來，用意不明，很可能那位使者已經學會解法。如果齊國滿朝文武都不會解，而秦國使者當場解開，那不但是對齊國士氣的打擊，也會讓秦國使者氣燄囂張，這是一場迫在眉睫的外交危機。

君王后一槌子敲碎玉連環，就是一種「剛強」的表現，很可能化解了一場危機，至少維持了國家的尊嚴。她稱得上是「剛柔並濟」了。

名句可以這樣用

今日科學發達，我們知道「舌以柔存，齒以剛亡」是不符合醫學原理的。然而，至柔能勝至剛的道理仍然正確，尤其對方若是「至剛」達到我方無法力抗的地步，「柔道」可能是唯一的方法。

末大必折，尾大不掉
——地方凌駕中央之鑑

名句的誕生

王[1]曰：「國有大城，何如？」對曰：「鄭京櫟實殺曼伯[2]，宋蕭亳實殺子游[3]，齊渠丘實殺無知[4]，衛蒲戚實出獻公[5]。若由是觀之，則害於國。末[6]大必折，尾大不掉[7]，君所知也。」

~左傳·昭公十年（申無宇諫外重）

完全讀懂名句

1. 王：楚靈王。
2. 鄭京櫟實殺曼伯：鄭厲公失位，得到宋國支持而住在櫟，後來併吞京（京、櫟都是大城），再攻入國都復辟。曼伯是當時鄭君，無封號。
3. 宋蕭亳實殺子游：宋國政變，公子游被擁立，但旋即被逃奔蕭、亳二城的群公子推翻。
4. 齊渠丘實殺無知：齊國政變，公子無知弒齊襄公，鎮守渠丘的大夫雍廩殺無知。
5. 衛蒲戚實出獻公：衛國大夫甯殖和孫林父發動政變，放逐衛獻公。蒲，是甯殖的封邑，戚是孫林父的封邑。
6. 末：樹的枝葉是「末」，相對於根幹是「本」。枝葉太茂盛，樹大招風，樹幹易折；支幹太粗大，也容易造成主幹折斷。

7. 掉：動搖。不掉：尾巴擺動不靈活。

語譯：楚靈王問：「國中有大城，有什麼不好？」申無宇回答：「過去鄭、宋、齊、衛發生政變，都是因為大城的實力強過首都。由這些例子看來，大城是有害於國家安全的。樹的枝葉太茂盛容易折斷，獸的尾巴太大就不靈活，這是國君非常清楚的事情。」

名句的故事

楚靈王滅了陳國和蔡國，不將二國置為楚國一縣，反而派弟弟棄疾擔任二國之宰相，棄疾於是僭稱「蔡公」。楚靈王為此問大夫申無宇：「棄疾在蔡國如何？」

申無宇不敢太過干預皇家內務，所以舉了外國的例子，曲言婉轉。由於楚靈王本身是趁哥哥楚康王病重時，絞殺老哥而篡位，所以申無宇舉的都是「政變後坐不穩」的例子。

果然，後來棄疾發動了政變，自立為楚平王。楚靈王則流亡山中，被老百姓收留，不久就自殺了。

歷久彌新說名句

魯國發生內亂，齊國派大夫仲孫湫出使魯國，名為慰問，實為刺探。仲孫湫回去，齊桓公問：「魯國可以攻取嗎？」仲孫湫回答：「還不行。周公制訂的禮儀還能維持，周禮是魯國的治國之本。常言道：『國家要亡以前，本會先顛覆，猶如樹木的根幹先倒覆（失去養分），枝葉才會枯槁。』周禮尚存，魯國不易攻取。」

名句可以這樣用

「末大必折，尾大不掉」和「本必先顛，而後枝葉從之」，二者見似相反，其實並不衝突。前者是當外患或叛變發生，後者是內部自己先搞垮，結果都是亡國、失位。可見執政者最重要的是「固本」。

人心之不同，如其面焉

——用人所長之論

名句的誕生

子產[1]曰：「人心之不同，如其面焉。吾豈敢謂子面如吾面乎？抑心所謂危，亦以告也。」子皮[2]以為忠，故委政[3]焉。子產是以能為[4]鄭國。

～左傳・襄公三十一年（子產止子皮用尹何）

完全讀懂名句

1. 子產：名公孫僑，鄭國大夫，後來擔任宰相，鄭國大治。
2. 子皮：名罕虎，當時鄭國宰相。
3. 委：託付。委政：將政權完全交付。
4. 能為：有所作為。

語譯：子產說：「人心各自不同，就像臉孔各個不同一樣。我怎麼敢說我的臉孔和你一樣呢？（我的思想、作風也和你的不一樣）但是，只要心裡覺得有所不安（認為有問題），一定會向你提出。」子皮認為子產這番話是忠於國家的言論，於是將執政重任完全交付給子產，子產因而能在鄭國大有作為。

名句的故事

子皮有意提拔一位青年才俊尹何出任邑大夫（地方官），子產認為尹何太年輕了。子皮說：「可不可以讓他上任後學習為政之道？」子產說：「一個人如果還不會用力，就讓他去宰割牲畜，必定損失很多。如果你有一疋很漂亮的錦緞，必定不會讓匠人拿它來學習吧！地方官是人民安身立命的寄望，任務不比裁剪更重要嗎？」

子皮聽了這番話，自知子產能夠知人善任，能力超過他，所以表示願意支持子產執政，自己只管理「家事」，而且自己家族中事也願聽子產之言。

這不是子皮第一次要讓位給子產。前一次，子產辭讓不就，這一次，子產答應了，但是前文「心所謂危」指的是子皮的家事，亦即對子皮的家事也不能沒意見，是不希望子皮以豪族身分干預子產施政的意思，子皮也答應了，授予子產全權。

歷久彌新說名句

子產入仕之初，向然明請教為政之道，然明教他「視民如子，見不仁者，誅之」。子產對人說：「以前我只認識然明的面，如今才見然明之心。」這是子產另一次對「面與心」的比喻。

事實上，子產執政一年後，人民唱道：「我有衣服帽子，被子產抽稅；我有田地，子產也要抽稅，誰肯殺子產，我去幫他。」等到執政三年後，人民便又歌誦：「我有子弟，子產教誨他；我有田地，子產讓我增加生產。一旦子產死了，誰能繼承他的德政呢？」

名句可以這樣用

這句名言今日多用作「人心不同，各如其面」。但是有些人誤解為「人心隨臉孔而不同」，那就成了「以貌取人，失之子羽」——人心之善惡當然和面孔美醜無關。

甚至，即使人的面容端正，心地也善良正直，仍不能以外表或外在行為涵蓋其內心全部，因為有些人比較含蓄。子產對然明的認識，就是一例——然明的思想比他的表現還要高尚！

眾怒難犯，專欲難成
——情急當斷即斷之策

名句的誕生

子產[1]曰：「眾怒難犯，專欲[2]難成。合二難以安國，危之道也。不如焚書以安眾，子得所欲，眾亦得安，不亦可乎？專欲無成，犯眾興禍，子必從之。」乃焚書於倉門[3]之外，眾而後定。

～左傳・襄公十年（子產焚載書）

完全讀懂名句

1. 子產：鄭國大夫，後來任宰相（參考「人心之不同，各如其面」一章）。
2. 專欲：一己之所欲。
3. 倉門：鄭國都城的城門之一。

語譯：子產說：「群眾發怒則難以干犯，一己所欲（違反眾意）難以達成，兼有此二難而想安定國家，是危險的事情。不如將先前的公告燒掉，以安定眾人之心，閣下（指子孔）得以坐穩執政之位，眾人也安心了，不是很好嗎？若一己之欲達不到，犯眾怒反而興起了禍患，閣下最終仍不得不順從眾意的呀！」於是將公告拿到倉門之外當眾焚毀，群眾的怒氣乃告平息。

名句的故事

鄭國發生內亂，盜賊（其實是大夫子孔指使）殺了子駟、子國、子耳（此三人曾引致外患，故事詳見「俟河之清，人壽幾何」一章，如今死於內亂），劫持鄭簡公進入北宮。

子產率領軍隊攻打進入北宮之盜，盜賊全被殺光（滅口）。子孔暫攝國君之事，發布「載書」（公告），重新安排諸大夫之位序，並要求大家遵守他的政令。但是士大夫都不願服從，子產建議子孔燒掉公告，子孔不同意，認為「因為眾人忿怒而燒掉載書，等於是交由眾人執政，國家將難以治理」，但是子產仍然讓子孔燒掉了載書。

歷久彌新說名句

子產後來當了鄭國宰相，在銅鼎上鑄立「刑書」，也就是將法律鑄成無法更改的形式，以示執法的信心與決心——敢於公開代表法律條文是可以攤開來公開檢驗的；鑄於鼎上意味著任何人都可以據理力爭，任何人也不能違反。

為什麼子孔的「載書」就得焚毀？為什麼子產的「刑書」就不得更改？同一個子產，為何前後做法不同？難道是自己執政了，就忘了曾說過「專欲難成」這句話？

其實不是。子孔當時情況緊急，而且必須當斷即斷，如果不能立做決斷，眾怒一旦爆發失控，再來燒載書就來不及了；子產擔任宰相時，政局安定，因此不必採取非常手段。

另一個不同之處是：子孔的載書是權力分配，士大夫不滿意則不可行；子產的刑書是法律制度，只要訂得公平合理，人民沒有理由反對。

名句可以這樣用

「眾怒難犯」一句，我們今日常用。但若只是這一句，就如子孔所言「等於將事權交給群眾」，是不負責任、沒有擔當；必須體認「專欲難成」——若是因一己之欲引起眾怒，當然要改，若不是，則應為所當為，「雖千萬人吾往矣」。

愛之如父母，仰之如日月，敬之如神明，畏之如雷霆——君愛民、民事君之道

名句的誕生

師曠[1]侍於晉侯，晉侯曰：「衛人出[2]其君，不亦甚乎？」對曰：「或者其君實甚。良君將賞善而刑淫[3]，養民如子，蓋之如天，容之如地。民奉其君，愛之如父母，仰之如日月，敬之如神明，畏之如雷霆，其可出乎？夫君，神之主也、民之望也，若困民[4]之主，匱神乏祀，百姓絕望，社稷無主[5]，將安用之？弗去何為！」

～左傳・襄公十四年（師曠論衛出君）

完全讀懂名句

1. 師曠：晉國的樂師，得晉悼公喜愛，時而向他徵詢國是，言必有中，史書多所記載。
2. 出：驅逐。
3. 淫：犯罪。刑淫：以刑罰懲治惡徒。
4. 困民：使人民困苦。
5. 無主：祭祀無主祭者。

語譯：晉公對一旁侍候的師曠說：「衛國的臣子驅逐國君，豈不是太過分了嗎？」師曠回答：「可是他們國君也太過分了。一個賢良國君應該獎勵善行、懲罰惡徒，愛民如子，像上天覆蓋萬物，大地容納萬民一般，無所不包容。那樣的話，人民事奉君主，就像對父母一般愛護、對日月一般的敬仰、對神明一般的崇拜、對雷霆一般的畏懼，又怎麼可能驅逐他

呢？國君是祭祀時的主祭、人民希望之所寄，如果君主讓人民困苦、荒廢社廟、老百姓絕望、宗廟無人主祭，那還要君主幹嘛？不趕他走，還能怎樣！」

名句的故事

晉悼公問師曠另有寓意，衛國臣子驅逐衛獻公，導火線就是衛國一位樂師「師曹」。

獻公命令師曹教導後宮侍妾彈琴，師曹很嚴格，學不會就用鞭子處罰。其中一位妾，趁衛獻公臨幸時，在枕邊哭訴師曹「體罰」，隔天，獻公下令鞭笞師曹三百下。

師曹懷恨在心，後來藉一個場合，衛獻公到孫文子的封邑巡視，師曹在宴席上唱出《詩經．巧言》，諷刺孫文子，並且一再以音樂挑動孫文子的怒氣，結果孫文子發動兵變，衛獻公逃奔齊國。

歷久彌新說名句

同為樂師，師曹為亂，而師曠能諫。事實上，趁國君心情放鬆時進諫，經常會收到很好的效果，比板起面孔「犯顏直諫」有效多了！

唐玄宗到渭水濱田獵，在行館召見同州刺史姚崇，姚崇陪皇帝打獵，功夫嫻熟「偕馬臂鷹，遲速在手，動必稱旨」（既精馬術，又精馬屁），玄宗大樂，君臣二人一同吃野味、談政事。姚崇擅長兜圈子進諫，忠言不逆耳，後來做到宰相，成就「開元之治」。所以，真正能幹的臣子不一定要排斥拍馬屁。

名句可以這樣用

前警大校長梅可望曾說，社會對警察是「期之如聖賢，防之如盜賊，驅之如牛馬，棄之如敝屣」，用的就是本章名句同樣格式——疊句運用之「力與美」，值得讀者細加玩味。

食指大動，染指於鼎
——君臣無儀而失國之鑑

名句的誕生

楚人獻黿[1]於鄭靈公。公子宋[2]與子家將見，子公之食指動，以示子家，曰：「他日[3]我如此，必嘗異味[4]。」及入，宰夫將解[5]黿，相視而笑。公問之，子家以告，及食大夫黿，召子公而弗與也。子公怒，染指於鼎，嘗之而出。公怒欲殺子公，子公與子家謀先[6]。

～左傳．宣公四年（公子宋子家弒靈公）

完全讀懂名句

1. 黿：形狀似鱉，體型大。
2. 公子宋：鄭國大夫，與後文「子公」為同一人。子家亦為鄭國公子，二人同為大夫。
3. 他日：已往。
4. 異味：特別的食品。
5. 解：剖分。
6. 謀先：陰謀先下手。

語譯：楚國送了一隻黿給鄭靈公。兩位鄭國公子正要進宮晉見，子公的第二指突然自己動了起來，他給子家看，並說：「已往每次這樣，總有特別的味道可以嚐。」果然在廚房看到廚子正要剖開那隻黿，兩人相視而笑。鄭靈公問他倆笑什麼?子家就告訴國君原委。

等到黿煮好了，鄭靈公分食諸大夫，召來子公卻不分給他。子公生氣了，將食指伸進鼎內，沾而嚐之，然後出宮。靈公發怒要殺子公，子公和子家於是共謀先下手為強（弒君）。

名句的故事

第二指稱為食指，就是因這個典故而來。古時候烹調技巧沒有太多花樣，大多是煮成一鍋羹，嚐味道時就用第二指沾取羹湯，因此稱之為食指。

這個故事其實有「神權與君權對抗」的寓意。子公每次「食指大動」，總能得嘗異味，所以他認定這是「上天」賜與的天賦，即使國君也不能剝奪；但在鄭靈公而言，分享食物是國君的權力（宰相調和鼎鼐是烹煮食物，分配權仍在國君），國君若不分給臣子，臣子豈可「染指於鼎」？

看看這一對君臣的行為，卻又近乎孩童賭氣——一個召來卻不給，一個伸手指沾食，君臣失儀（古時分食是一件大事）在先，又為此動干戈在後，終至演出弒君戲碼。

歷久彌新說名句

宋國與鄭國交戰。前一晚，宋國統帥華元殺羊犒賞軍隊，卻未分給自己的駕駛羊斟。隔天接戰，羊斟對華元說：「昨天分食羊羹是大人做主，今天駕車該我做主。」於是將戰車直驅進入鄭國陣地，華元被俘——分配食物真的是大事，不公平就可能發生意想不到的災禍！

名句可以這樣用

「食指大動」現在不單指得嚐異味，而是形容食慾大開；「染指」則擴及「貪取非分之財物」。

師克在和不在衆

——信心中有決心之策

名句的誕生

敖[1]曰：「盍[2]請濟[3]師於王。」對曰：「師克在和[4]不在眾。商周之不敵[5]，君之所聞也。成軍以出，又何濟焉？」莫敖曰：「卜之。」對曰：「卜以決疑，不疑何卜？」遂敗鄖[6]師於蒲騷[7]。

～左傳．桓公十一年（鬥廉[8]敗鄖師）

完全讀懂名句

1. 敖：莫敖，楚國官名，二級宰相。
2. 盍：何不。
3. 濟：增加，用法如「接濟」之濟。
4. 和：進退一致，如「君子和而不同」用法。
5. 不敵：眾寡懸殊。
6. 鄖：國名，音ㄩㄣˊ，yún。
7. 蒲騷：地名。
8. 鬥廉：人名，楚國大夫。

語譯：楚軍統帥莫敖（名屈瑕）說：「是不是該向國君請求增兵？」鬥廉回答：「軍隊要打勝仗，靠的是進退一致，不在人數多寡。當年商紂王的軍隊遠超過周武王（但是周武王仍然獲得勝利），這是閣下熟知的事情，不是嗎？既然已經出兵，又何必再求增兵？」屈瑕：「那就用卜卦來決定吉凶。」鬥廉說：「心有疑惑難解才用卜卦來求解，今日之事沒有疑惑，何必卜卦？」結果打敗了鄖軍。

名句的故事

屈瑕帶兵出境，原來只是要去和貳、軫這兩個小國會盟，但是鄖國就在同時聯合另外四個小國，在蒲騷集結，準備攻打屈瑕（破壞盟會）。屈瑕有點膽怯，鬥廉主動請纓由他領兵夜襲鄖軍，只要打敗鄖軍，另外四小國自然會退去。那一仗，屈瑕採納了鬥廉的戰術，贏得勝利。

歷久彌新說名句

岳飛用兵有一句名言：「運用之妙，存乎一心。」一般解釋是：兩軍臨陣，端視戰術靈活，不可拘泥操典。但也有研究認為，岳飛面對金兵「拐子馬」，而發明了中國軍史上第一個「散兵戰術」，拐子馬衝來則步兵散開，讓對方無所施力，之後復收，將旋迴不便的拐子馬打散殲滅之。這裡的「一心」是動詞，也就是步兵人人對散兵戰術了然於心，進退一致，才能運用得宜，否則陣形散了卻收不回來，就潰不成軍矣！

一八八四年中法戰爭，法軍統帥孤拔封鎖安平港，要中方台南城守將劉璈「上艦議事」。劉璈一方面吩咐安平炮台守將「有狀況，毫不遲疑開炮，不必顧慮我」，一方面登上法艦，不卑不亢。孤拔對劉璈說：「以台南城池之小，兵力之弱，如何抵抗我軍？」劉璈回答：「城牆只是土，民心才是鐵。」孤拔默然不語，放回劉璈，法艦轉向北方，在基隆被劉銘傳擊敗三次。

劉璈的話，又將「師克在和不在眾」擴大到國家層面；打勝仗靠人心，人心團結，則能抵擋船堅炮利。

名句可以這樣用

故事中另一句名言「卜以決疑，不疑何卜」，更足為那些迷信風水、事事請教「老師」的政客鑑戒。

善不可失，惡不可長
——敦睦鄰國之道

名句的誕生

鄭伯侵陳[1]，大獲[2]。往歲[3]，鄭伯請成[4]於陳，陳侯不許。五父[5]諫曰：「親仁[6]善鄰，國之寶也。君其許鄭。」陳侯曰：「宋衛實難[7]，鄭何能為。」遂不許。君子[8]曰：善不可失，惡不可長，其陳桓公之謂乎。長惡不悛[9]，從自及也，雖欲救之，其將能乎。

～左傳・隱公六年（陳桓公不許鄭伯請成）

完全讀懂名句

1. 陳是侯爵之國，故稱陳侯；鄭是伯爵之國，故稱鄭伯。春秋諸侯國君皆稱「公」，是死後追謚。
2. 大獲：戰果豐碩，大有斬獲。
3. 往歲：去年。
4. 請成：提出簽訂和約之請。
5. 五父：陳國公子，名佗，字五父。
6. 親仁：親近賢人。
7. 難：畏懼、擔心。
8. 君子：《左傳》作者左丘明自稱。
9. 悛：音，ㄑㄩㄢ，quān，改過。

語譯：鄭莊公侵略陳國，大有斬獲。去年，鄭莊公向陳桓公請求簽訂互不侵犯條約，陳桓公不答應。陳國公子五父勸諫：「親近賢人、敦睦鄰邦是國家之寶，國君為何不答應鄭國？」陳桓公說：「宋國、衛國才是我所要擔心的，小小鄭國能怎樣？」於是不同意簽和約。左丘明評論：人的善念不可失去，惡念不可助長，應驗在陳桓公身上。助長惡念而不改過，終於害到自己，等到禍事臨頭，又怎麼來得及挽救呢？

名句的故事

侯爵位階高於伯爵，所以陳桓公只防備宋（公爵）和衛（侯爵），而看不起鄭。事實上，從春秋時代起，諸侯各國已不遵守最初周公訂下的規矩，關於五等諸侯各准擁有多少兵車、部隊。而鄭國就是周平王東遷初期，最先崛起的一個小國。

整部《左傳》，就只見齊、楚、晉、秦等大國交替稱霸，而陳、蔡、衛等小國被夾在中間，輾轉呻吟、慘遭蹂躪，只因為他們依然沉浸在過去的風光當中，無視於國際形勢已有重大變化。

歷久彌新說名句

輕視敵人的結果，往往自取滅亡，因為輕敵之心一生，很容易就「長惡不悛」，結果自己因輕敵而失敗。

南北朝時，南齊皇帝蕭鸞暴虐無道，會稽太守王敬則舉兵起義，人民「扛起撐船的竹篙，背著耕田的鐵鍬」響應他，革命軍一時聲勢浩大。

南齊京城建康宮內，蕭鸞病重，太子蕭寶卷日夜耽心，玄武湖一座涼亭失火，嚇得皇帝父子準備逃亡。消息傳到王敬則耳中，得意洋洋說：「你們父子也只有這條路（逃亡）可走了。」結果，王敬則在勝利即將到手的一次戰役中，不小心落馬，被殺——主帥怎麼會落馬？當然是輕忽之心造成注意力鬆懈！

名句可以這樣用

即使以今天工商社會的價值觀，公共關係的最高指導原則仍是「善不可失，惡不可長」。沒有人會蠢到去破壞既有的良好關係。

戰國策100

經營管理之策

數戰則民勞，久師則兵弊

——等待敵人累垮之策

名句的誕生

凡天下之戰國七，而燕處弱焉。獨戰則不能，有所附[1]則不重[2]。……齊王南攻楚五年，畜積散；西困秦三年，民憔瘁[3]，士罷弊[4]；北與燕戰，覆三軍，獲二將；……此其君之欲得[5]也，其民力竭也，安猶取哉？且臣聞之，數戰則民勞，久師則兵弊。

～戰國策・燕策

完全讀懂名句

1. 附：依附。
2. 重：受人看重。
3. 瘁：同「悴」，病容。
4. 弊：病。
5. 欲得：貪欲之心。

語譯：當今天下互爭雄長的共有七個，而燕國最弱小。獨力攻打他國力有未逮，依附大國則不受重視。……齊閔王向南攻打楚國五年，國庫耗盡；向西騷擾秦國三年，老百姓憔悴、戰士疲病；向北對燕國開戰，損失三軍、被俘二將；……為了滿足他們國君的貪欲，而將人民的力量消耗殆盡，這種國家還需要去攻打嗎？常言說得好：連番征戰則人民困頓，長年用兵則戰士疲憊。

名句的故事

蘇秦死後，他的弟弟想要繼承老哥志業：推

動合縱，佩六國相印。然而，當時的情況卻是：諸侯互不信任，彼此攻伐。蘇代第一步就是先打消燕王伐齊的念頭。

燕王噲和齊閔王有仇，可是畏懼齊國強大而不敢去攻打，只能養精蓄銳等待時機。由於他的意圖明顯，齊閔王就始終防著燕國，雙方隨時可能開戰。

蘇代的說詞是：燕王應該送人質去齊國，再以珠寶財貨賄賂齊王近臣，鬆懈齊王戒心，那麼齊閔王就會放心去攻打宋國——讓齊國繼續和他國戰爭，不斷耗費國力，符合燕國的利益。

歷久彌新說名句

耗費敵人國力經常是好用的一招，但有時候也會弄巧成拙。

戰國後期，韓國人設計了一個「疲秦之計」，派出一位水利工程師名叫鄭國，向秦王政（秦始皇）推銷開渠道灌溉關中平原，秦王採納了，並完成有名的「鄭國渠」。

後來才發現，鄭國是一位間諜，開渠是一個陰謀，於是將鄭國處死，秦王政更下了一道「逐客令」——驅逐外國來的賓客。這道逐客令因李斯上〈諫逐客書〉才收回。

但事實上，建渠反而是厚植國力的作為，逐客（趕走人才）反而是不利國家的事情。也就是說，韓國君臣的計策弄巧成拙了。無奈的是，韓國位處秦國東進的第一線，不能鼓勵秦國多用兵，因為自己會「第一個倒楣」。

名句可以這樣用

兵法有云：「國雖大，好戰必亡。天下雖安，忘戰必危。」這句話正可做為本策的最佳註腳：再強大的國家，一再發動戰爭，其結果就是「數戰則民勞，久師則兵弊」，強國也會被窮兵黷武搞垮掉。

積羽沉舟，衆口鑠金

——連橫破合縱第一策

名句的誕生

是故天下之遊士，莫不日夜搤腕[1]瞋目[2]切齒[3]以言從[4]之便，以說人主。人主覽其辭[5]，牽其說[6]，惡得[7]無眩哉？臣聞積羽沉舟，群輕折軸，衆口鑠[8]金，故願大王熟計[9]之也。

～戰國策・魏策

完全讀懂名句

1. 搤腕：比手勢加強語氣。
2. 瞋目：睜大眼睛（說瞎話）。
3. 切齒：咬字清晰，務求效果。
4. 從：同「縱」，合縱。
5. 覽其辭：聽取他們的言論。
6. 牽其說：受到他們說辭之牽制、影響。
7. 惡得：怎能。
8. 鑠：銷鎔。
9. 熟計：深思熟慮。

語譯：因此之故，天下的遊說之士，莫不日以繼夜，比手劃腳，睜大眼睛說瞎話，咬字惟恐不清晰，向各國國君推銷合縱理論。各國君王聽了那麼多理論，受到他們意見的牽制，怎能不眩惑呢？我聽說，船上載的即使輕如羽毛，裝太多也會造成沉船；車上載的即使是很輕的東西，太多了也會造成車軸折斷；人多嘴雜可以把黃金都銷鎔，所以希望大王思考清楚。

名句的故事

這是張儀推動「連橫」的第一場遊說（蘇秦推動合縱第一策見「堯無三夫之分」），面對的是魏襄王。而蘇秦最先選趙國，張儀最先選魏國，皆有其必然性。

趙、魏皆處面對秦國的第一線，而蘇秦當時，趙國仍有力量可以不畏秦國，亦即第一線的趙國尚且挺身而出，其他「二線」諸侯自然勇於跟進；張儀當時，正是魏國國力中衰的時期，所以易於說動。

張儀的重點打擊對象是那些主張合縱的遊說之士，他們出則儀同諸侯國君，完成一項盟約就裂土封侯——風險由諸侯承擔，報酬則自己享用，見風轉舵，毫無忠貞可言。這番話打動了魏襄王，決定靠向秦國，於是合縱盟約開始如骨牌效應般瓦解。

歷久彌新說名句

唐太宗做為一個國君，時時警惕自己：「人主惟一心，攻之者眾。」意思是說，皇帝只是一個人、一顆心，可是為了討好這一顆心，卻有很多人為之勾心鬥角：有人舌粲蓮花，有人奉承拍馬，有人陽奉陰違，有人欺上瞞下，有人刻意引皇帝走上奢侈之路。

總之，眾人圍攻「龍心」，只有一個目的：受「真龍」賞識，以登「龍門」。其威力正是「積羽沉舟，眾口鑠金」，而君主心中只要稍有鬆懈，就會被趁虛而入，導致沉迷、墮落、毀滅，而其過程，請參考「貴不與富期，而富至」一章的自毀模式「富貴——驕奢——滅亡」。

請注意，「積羽沉舟」和「聚沙成塔」的用法是完全相反的。雖然二者都是「積少成多」，但是「聚沙成塔」完成是正面、肯定的事情，而「積羽沉舟」則有警惕意味，但是跟「積非成是」又大不相同。

貴不與富期，而富至

——戒敗亡於起始之策

名句的誕生

夫貴不與富期[1]，而富至；富不與粱肉[2]期，而粱肉至；粱肉不與驕奢期，而驕奢至；驕奢不與死亡期，而死亡至。累世[3]以前，坐[4]此者多矣。

～戰國策．趙策

完全讀懂名句

1. 期：相約以期，同「期約」用法。
2. 粱肉：指美食。
3. 累：相疊。累世：一代接一代。
4. 坐：獲罪、遭禍。

語譯：升官與發財並不一定相關，可是財富自會到來；發了財不一定想要美食，可是美食自然到來；享受美食和生活驕奢未必相關，但是驕奢自會到來；驕奢並沒有和死亡相約，可是死亡自然而生。歷朝、歷代以來，因富貴、驕奢而至於死亡者，實在太多了。

名句的故事

這番話是公子牟對秦國宰相范雎說的。公子牟的身分，《戰國策》和《莊子》記載不同，但那不重要。重點在於，范雎得秦昭王信任，賞賜很多，位高、權重、物質方面享受無比，但范雎是聰明人，聞此言非但不生氣，反而感謝公子牟。

本策列於〈趙策〉，是平原君趙勝用這個故

事教誨弟弟平陽君趙豹，趙豹也說：「敬諾。」（恭敬的記取，銘記在心。）

歷久彌新說名句

唐太宗命令魏徵主持《隋史》編撰，完成後封魏徵光祿大夫、鄭國公。魏徵自忖功勞不及賞賜，因此一再以健康理由陳請遜位，唐太宗對他說：「你不見那金礦嗎？若非良匠鍛冶，就毫無價值。朕自比金礦，期待你是良匠。你雖然健康差一些，但年紀還不老，何必退休？」

但魏徵一再堅持請退，唐太宗終於「有條件答應」，條件是要他提出「國是建言」——疏（條列式建議，用「梳」之意）。魏徵先後上了四道疏，其中第三疏指出：

「貴不與驕期，而驕自來；富不與奢期，而奢自至」，唐朝承襲隋朝而來，隋朝雖富強仍不免敗亡，就是因為大興土木、大動干戈所致，足以做為前車覆轍之鑑。

隋文帝結束南北朝分裂狀態，史稱「開皇之治」，國力富強。隋文帝寬仁勤儉，可是傳到隋煬帝，他有二句詩：「我本無心求富貴，誰知富貴逼人來。」意思是說「又不是我去追求富貴，是富貴自動掉到我頭上來的」，完全沒有珍惜老爸成果的念頭。如此心態之下，富貴來得容易，驕奢隨之而至——開大運河、南巡是奢；征朝鮮失利，他對群臣說：「我親自去還不成功，何況你們去？」是驕。驕奢既充盈其心，敗亡於是隨之而至。

名句可以這樣用

魏徵以「富貴不與驕奢期，而驕奢至」進諫，當然自己深明個中道理。他一再請退，就是效法范雎——除了本策之外，請參考「君子殺身以成名」一章，范雎自動退位的故事。

堯無三夫之分，舜無咫尺之地
——合縱抗秦第一策

名句的誕生

臣聞，堯無三夫之分[1]，舜無咫尺之地[2]，以有天下；禹無百人之聚[3]，以王諸侯；湯武之卒不過三千人，車不過三百乘，立為天子；誠得其道也。是故明主外料其敵國之強弱，內度其士卒之眾寡、賢與不肖，不待兩軍相當，而勝敗存亡之機節[4]，固已見於胸中矣。豈掩於[5]眾人之言，而以冥冥[6]決事哉！

～戰國策．趙策

完全讀懂名句

1. 三夫之分：一夫為百畝之地，所以「三夫之分」為三百畝的地盤。
2. 咫尺之地：八寸為咫，十寸為尺，所以「咫尺之地」言其少也。
3. 聚：群眾。
4. 機節：關鍵。
5. 掩：遮掩。掩於：惑於。
6. 冥冥：黑暗中。

語譯：臣聽說，帝堯最初還不到三百畝地，帝舜更連咫尺之地都沒有，最終卻得了天下；大禹最初不到百人群眾，最終稱王於諸侯；商湯和周武王的軍隊不過三千人，兵車不過三百乘，最終成為天子；都是因為行事符合正道的緣故。所以，英明的君主對外準確的估計敵國的強弱，對內掌握軍隊的眾寡和官吏的賢愚。那麼，不必等到兩軍對陣，勝敗存亡的關鍵就已經了然於胸了。為何受眾人的議論紛紛所惑，而在黑暗中決定事情呢？

名句的故事

蘇秦身佩六國相印、主持「合縱」陣營的開始，就在本策——他去見趙肅侯，陳述「向東倚靠齊國而攻秦，與向西倚靠秦國而攻齊，趙國都不會安定，只有六國合縱抗秦，而趙國因正好控住函谷關，就可以成就霸業」。

趙肅侯接受了蘇秦的遊說，封他為武安君，送給他一百乘華麗的車子，黃金千鎰，白璧百雙（對），錦繡千純（束），讓他去各國進行遊說——自此，蘇秦步上成功之途。（蘇秦之前的失意，請見「前倨而後卑」一章。）

而蘇秦整篇遊說之辭當中，最關鍵的就是這一段，意思是：成大功、立大業不在國家大小，當你站在歷史的關鍵點上，就得立即把握住機會！

歷久彌新說名句

蘇秦教趙肅侯「行正道」，那是表面的冠冕堂皇之辭，堯舜禹湯真的是因為「仁者無敵」而得天下嗎？不見得！但肯定湯、武都是把握住關鍵時刻，斷然採取行動而推翻桀、紂。

《三國演義》寫司馬懿在宛城韜光養晦，練他的「忍術」。終於等到魏明帝曹叡下聖旨召他出兵平孟達之亂，他立即全面動員宛城諸路兵馬，他的兒子司馬師建議：「父親可急寫表中奏天子。」司馬懿說：「若等聖旨，往復費時，來不及啦！」立即傳令人馬起程，而且「一日要趕四日之路，如遲立斬」。

司馬懿為何那麼急？因為，若孟達造反成功，魏國完了，他也沒前途；若孟達不成功，曹家天下安了，也不用他了。機會就在這一刻，豈有公文往返之餘裕？

一而當十，十而當百
——善用地形險要之策

名句的誕生

將軍無解兵而入齊。使彼罷[1]弊於先，弱守於主。主者，循軼[2]之途也，鍺[3]擊摩車而相過。使彼罷弊先，弱守於主，必一而當十，十而當百，百而當千。

～戰國策．齊策

完全讀懂名句

1. 罷：同「疲」。
2. 循軼：車輛必須循序而走，不能錯車。
3. 鍺：音ㄒㄧㄚˊ，xiá，通「轄」，指古時車軸頭穿著的鐵鏈。

語譯：（孫臏建議田忌）將軍不要帶兵直接回齊國，讓魏國的追兵疲弊在先，然後派老弱軍隊守住「主」地。主地的地形只容戰車單向前進，想要錯車就會摩擦相撞。如果這樣的話，老弱部隊也能以一當十，以十當百，以百當千。（亦即以少數兵力擋住十倍敵軍。）

名句的故事

孫臏曾向田忌獻策「以下駟對上駟」（故事不贅述），因而成為田忌的首席參謀。田忌率齊軍伐魏，孫臏獻「減灶」之策，打敗魏軍，殺了龐涓，為自己報了大仇，為田忌立了大功。

可是，田忌立了大功卻因而遭忌，國內的政敵鄒忌派人拿了重金在臨淄大街上招搖，並請算命先生占卦，問：「我家主人田忌率大軍出征，三戰三勝，他想要進行大事（謀反篡位），請先生卜一下吉凶。」齊威王聞訊大怒，準備掀起大獄。

田忌在前方得悉，就要趕回齊國「清君側」。孫臏勸他先以老弱殘兵守住後方要害，避免首尾不能兼顧，然後再派精銳部隊攻打臨淄城，這樣才能糾正國君的錯誤，也可以驅逐政敵鄒忌，否則，田忌將回不了齊國。但是，這一次田忌未採納孫臏的建議，最後失敗逃亡到楚國。

（《史記》對這一段的發生時間有不同記載，但無損於故事與計策。）

歷久彌新說名句

漢高祖劉邦得天下後，要決定應將首都設在何處，當時群臣大多是山東（太行山以東）人，因此希望定都洛陽。只有婁敬獨排眾議：「關中表裡山河，又有四個關塞（東面函谷關、南面武關、西面大散關、北面蕭關）險要，萬一有急事，百萬雄師可以應付一切。好比與人打架，不掐住他的喉嚨，再打擊他的背部，就難以取得最後勝利。」張良再分析關中沃野千里，糧食不缺，於是劉邦拍板定案：建都關中（咸陽）。

四面有山河之固，再加上關塞險固，就可以少數兵力守住國都。這和孫臏的道理相同。

名句可以這樣用

我們今日說「以一當十，以十當百」，是形容兵士勇敢善戰。這和蘇秦遊說韓昭侯所言「韓卒之勇，一人當百」的意思一致，「以一當十」是常用句，「一而當十」是原典故。

戰勝無加，不勝則死

——最低風險、最高報酬之策

名句的誕生

君謂景翠曰：「公爵為執圭[1]，官為柱國[2]，戰而勝，則無加焉矣；不勝，則死。不如背秦援宜陽。公進兵，秦恐公之乘其弊也，必以寶事公；公仲慕公之為己乘秦也，亦必盡其寶。」

~戰國策・東周策

完全讀懂名句

1. 圭：古代諸侯在重大典禮時所持的一種玉器。執圭：楚國的最高爵位。
2. 柱國：職官名。戰國時代楚國所設置，原指保衛國都之官，地位崇高。後世便指最高級的武官或勛官。

語譯：（東周大夫趙累建議周君）國君可以對景翠說：「閣下在楚國已經是最高爵位執圭、最高官職柱國。打勝仗也加不了官爵，打敗仗卻可能有殺身之禍（戰死或被鬥垮），不如等秦軍攻下宜陽之後進兵。如此則秦國擔心閣下乘其師老兵疲，必定以財寶賄賂你；而韓國宰相公仲感謝閣下為他出兵，也會以財寶酬謝你。」

名句的故事

秦國向東擴張的第一戰就是攻取韓國的宜陽，韓國向楚國求援，楚王派景翠率軍前往，但是秦國同時也答應將漢中之地割給楚國，以交換不出兵，因此景翠暫時按兵不動。

周王室當時已分裂為東、西二國，東周君與趙累作了一番形勢判斷，認為秦軍必定能攻下宜陽。然而，韓楚二國又是東周當時最好的盟友，不願見韓楚交惡，於是東周君接受趙累的建議，向景翠提出這個「最低風險、最高報酬」的計策。

後來，景翠果然採納此策，而得到秦國一城與韓國財寶，並且感謝東周；東周則維持住韓楚二國的聯盟，擋住秦國東進。

歷久彌新說名句

那一場戰役，景翠的處境固然是「戰勝無加，不勝則死」，秦軍的統帥甘茂更是如此。

宜陽是戰略要地，易守難攻。甘茂攻城，擂鼓三通而士兵不肯奮勇攻城。甘茂對參謀說：「我在秦國是個客卿，雖然坐上了宰相的位子，可是如果攻不下宜陽的話，公孫衍和樗里疾會在朝中暗算我，然後公仲會發動韓軍反攻，那我就死無葬身之地了。明天如果再攻不下宜陽，宜陽的城郭就是我的墳墓！」

於是拿出所有自己的金錢作為賞金，隔天發動總攻擊，擂鼓一通，秦兵爭相向前，攻下了宜陽。

甘茂當時的處境，也是「戰勝無加，不勝則死」，而且還沒有景翠的餘地。

名句可以這樣用

我們常用「有功無賞，打破要賠」來形容賞罰不平衡的現象——做得好沒有獎勵，做錯了卻要受罰。其結果將造成一股消極不作為的風氣，少做少錯，不做不錯。

這兩句有點相似，但用法上又有不同，讀者不妨再多加揣摩。

爲名者攻其心，爲實者攻其形

——明確戰略之策

名句的誕生

昔先王之攻[1]，有為名者，有為實者。為名者攻其心，為實者攻其形[2]。……今將攻其心乎，宜使如吳；攻其形乎，宜使如越。夫攻形不如越，攻心不如吳，而君臣、上下、少長、貴賤，畢呼[3]霸王，臣竊以為猶之[4]井中而謂曰：「我將為爾求火也。」

～戰國策．韓策

完全讀懂名句

1. 攻：攻擊。此處不僅指軍事行動，還包括了「攻心」，用法同「專攻」某一方面之「攻」。
2. 形：實體。此處應指攻取城池、土地。
3. 畢：全部。畢呼：眾口一辭高喊。
4. 之：去到。

語譯：從前君王擬定戰略時，視敵方國君是想要名聲還是想要實利而定，對手好名聲就攻他的心，對手好實利就攻他的城。……要攻對方（秦國）的心，就該讓對方像吳王夫差一樣；要攻對方的城，就該讓對方像越王勾踐一樣。可是今天的韓國，攻城不如越國，攻心又不如吳國，卻全國上下一致高呼「霸王之業已成功」，我認為那就好比落到井裡還要說「我來幫你尋火」一樣（荒謬）。

名句的故事

某人對韓釐王指出韓國對秦國的戰略不明確，引述春秋時吳國和越國的故事為喻。

吳王夫差打敗了越王勾踐，勾踐派文種去請降，答應越國人「男為臣，女為妾」。勾踐自己去服侍夫差，夫差答應請求，沒有消滅越國。這是因為吳王夫差好名，而勾踐「攻其心」成功。

勾踐臥薪嚐膽，十年生聚、十年教訓之後，反攻吳國成功。夫差派人請降，也答應「男為臣，女為妾」，可是勾踐不接受，滅了吳國。這是因為越王勾踐要的是實利，吳王夫差「攻其心」當然不成。

戰國七雄的韓國，就敗在戰略不明確。面對強鄰秦國，時而對抗，時而臣服，時而割地，最終成為第一個被秦滅亡的國家。

歷久彌新說名句

「攻心」抑或「攻城」倒不是完全相對的，視情況也得交互為用。

孫臏對齊王說：「秦王之所以盛氣凌人，就因為燕王和趙王（對合縱）態度游疑、立場搖擺。如今齊國應該用實利（城池）喚回燕、趙之心，這就是所謂『攻其心』。」孫臏的策略，其實是「攻」燕趙二王講求實利之心——二王想的仍是「攻城」。

諸葛亮南征，對蠻王孟獲七擒七縱，不取尺寸之地，終於收服南方民族之心，免除北伐中原的後顧之憂。在孟獲是保全了土地，在諸葛亮則是「名實雙收」。

名句可以這樣用

《孫子兵法》說：「攻心為上，攻城次之。」不戰而屈人之兵固然是上策，但若不得已，仍然只好開戰，這是原則。「為名者攻其心，為實者攻其形」，則是決定戰略時的因敵制宜策略。

上不可則行其中，中不可則行其下

——戰略周全之策

名句的誕生

免國於患者，必窮[1]三節[2]，而行其上；上不可，則行其中；中不可，則行其下；下不可，則明[3]不與[4]秦。

～戰國策・魏策

完全讀懂名句

1. 窮：反覆推演以臻周全。
2. 三節：上、中、下三策。至於是哪三策，詳見後文（名句的故事）。
3. 明：申明，表明。
4. 不與：不合作。不與秦：不和秦國結盟。

語譯：想要避免國家的禍患，必須對上中下三策反覆推演、深思熟慮，並且是了然於胸。然後先採行上策，上策不行再採中策，中策不行還有下策（亦即隨形勢變化而調整策略）。如果連下策都不可行，仍得堅守底線，講清楚不與秦國結盟的立場（以免盟國猜疑）。

名句的故事

五個「合縱國」（韓趙魏齊楚）聯兵攻秦，無功而退。秦國宰相魏冉企圖拉攏東方的齊國（遠交近攻），一方面自立為「西帝」，同時尊稱齊王為「東帝」，但是齊王採納蘇秦的建議，並未接受秦國的「好意」。

這篇名句的故事便發生在五國聯軍失敗之

後，魏昭王想要與秦國講和，於是有主張合縱的人士向他提出上、中、下三策：上策是出兵伐秦，中策是堅決抵抗秦國，下策是堅守合縱盟約，但是態度上和秦國表示友善。不過，底線是不能和秦國簽和約，不能讓合縱盟國離心。

歷久彌新說名句

漢高祖時，淮南王英布造反。劉邦徵詢薛公對形勢的判斷。薛公分析：「如果英布向東攻吳（江南），向西取楚（長江中游），然後聯絡北方的燕、趙（河北），自己固守淮南（魯南、安徽），那是上策；如果他攻取吳楚，然後向中原進兵求戰，那是中策；如果他向南進兵，攻取江蘇（吳），然後再進兵浙江（越），那是下策。若英布採取上策，他可以占領東方與漢（關中在西方）分庭抗禮；若採取中策求戰，勝敗未可知；若採下策，陛下就可以高枕無憂了。」

劉邦派人偵察英布行軍動向，結果是「下策」。他就問薛公：「英布為何捨上策就下策？」薛公說：「英布是個亡命之徒（在秦時犯罪而遭臉上刺字，因此又稱「黥布」），哪有什麼大志？」後來英布果然敗亡。

薛公分析英布可能的「上中下」三策，是基本戰略的高下之分。而本文故事的「上中下」三策，是視情勢而採取對應，有不逆勢而行的意思。前者「一著錯，滿盤輸」，後者靈活有彈性，立於不敗之地。

名句可以這樣用

世間事往往「計畫跟不上變化」，只有縝密的周全計畫可以應付各種可能的變化。是以「上不可而行其中，中不可而行其下」，這和老子說的「取法乎上得乎其中，取法乎中得乎其下」意思是不一樣的。

將欲取之，必姑與之

——驕敵之策

名句的誕生

周書曰：「將欲敗[1]之，必姑[2]輔[3]之；將欲取之，必姑與之。」君不如與之，以驕知伯[4]。君何釋[5]以天下圖知氏，而獨以吾國為知氏質[6]乎？

～戰國策・魏策

完全讀懂名句

1. 敗：敗壞、毀滅。
2. 姑：姑且，權且。
3. 輔：幫助。
4. 知伯：智伯。
5. 釋：放掉。用法同「釋」放之釋。
6. 質：抵押品。為知氏質：受困於智氏。

語譯：《周書》上說：「想要敗掉對方，不妨姑且幫助他；想要奪取對方，不妨姑且先給他。」主君不如答應割土地給知伯，讓他產生驕傲心理。為什麼要放掉聯合各家共謀智氏的機會，反而讓自己成為智伯的眼中釘，以致於行動不靈活呢？

名句的故事

晉國六大家族內亂，智氏滅了范氏和中行氏，又向韓、趙、魏三家需索土地。魏桓子不想割地，家臣任章就向他提出前述分析。

任章的邏輯很清楚，智伯向各家勒索土地，必定造成大家的恐慌，最後一定會聯合反抗。

可是眼前智氏最強，正面對抗必吃眼前虧，不如先答應他，助長他的驕氣，鬆懈他的防備之心，再圖以後報仇。

事情的發展果然如此，韓、魏答應了智伯的要求，趙襄子不答應，智伯就聯合韓魏一同圍攻趙氏根據地晉陽。一圍三年，趙氏吃了眼前虧，但最終三家聯手滅了智氏，並且瓜分了晉國。（請參考「出君之口，入臣之耳」。）

歷久彌新說名句

「必取姑與」的姑，是姑且的意思，必須有反撲的準備和計畫。如果變成「姑息」，那麼，割讓的國土就一去不回了。

五代後晉石敬塘依靠契丹人的幫助而稱帝，卻成為「兒皇帝」，並且割讓燕雲十六州，這對漢民族而言是奇恥大辱。一直到宋朝結束五代十國的分裂局面，宋太宗開始向遼進行軍事行動，大家熟知的「楊家將」曾一度「取」回四州，然後宋太宗又「買」回全部燕雲十六州。

然而，姑息主義主導了北宋的戰略思想，對北方的遼夏金元，起初只給錢，後來給錢又割地。重點在於北宋政府只有「姑與」，沒有「必取」的念頭，完全是花錢消災的得過且過心態，最後終至滅亡。

名句可以這樣用

一味討好敵人，只會讓敵人得寸進尺，所以「姑息適足以養奸」。但若敵人想要上吊自殺（如智伯需索土地），那你不趕緊遞上繩子（幫助他），還等什麼?這才是「將欲取之，必姑與之」。

良商不與人爭價

——隱忍待時之策

名句的誕生

夫良商不與人爭買賣之賈[1]，而謹司時[2]。時賤而買，雖貴已賤矣；時貴而賣，雖賤已貴矣。昔者，文王之拘於羑里，而武王羈於玉門，卒斷[3]紂之頭而縣[4]於太白[5]者，是武王之功也。今君不能與文信侯[6]相伉[7]以權，而責文信侯少禮[8]，臣竊為君不取也。

～戰國策．趙策

完全讀懂名句

1. 賈：價格。
2. 司時：把握時機。
3. 斷：斬斷。
4. 縣：同「懸」。
5. 太白：周武王的戰旗。
6. 文信侯：呂不韋。
7. 伉：同「亢」，抗衡。用法同「不卑不亢」。
8. 少禮：禮數不周。

語譯：真正會做生意的商人不跟人家爭一時之利，而是細心的觀察，把握時機。物價跌時買進，即使比時價貴一點仍然便宜；物價漲時賣出，即使便宜一點仍然賣得好價錢。古時侯，周文王被紂王拘禁在羑里（河南），周武王被羈押在玉門（甘肅），而最後周武王將商紂王的腦袋砍下來，懸掛在太白旗上（歷兩代而報仇，不逆勢而行）。如今閣下沒有條件和呂不韋的權勢相抗衡，卻責怪他禮數不周，我私下認為閣下的做法不對。

名句的故事

趙國的建信君向門客希寫抱怨呂不韋，因為呂不韋推薦人到趙國做官，建信君讓那個人當宰相，授五大夫爵位，可是呂不韋並沒有相對的回敬。

希寫以好商人不爭一時蠅頭小利為喻，以周武王父子忍一時受辱為例，奉勸建信君不要為小事情發牢騷，要隱忍以待時機。事實上，不能相抗衡的並非建信君對文信侯，而是趙國對秦國。希寫不好意思說的是：「閣下在趙國當權，有本事就讓趙國強起來！」

歷久彌新說名句

越王勾踐臥薪嚐膽，力圖復興，但是他不是只有勤儉建國，而是採納計然（范蠡的老師）的富國之策。計然最有名的理論是：「貴上極則反賤，賤下極則反貴。貴出如糞土，賤取如珠玉。財幣欲其行如流水。」

物價漲到不能再漲就一定會跌下來，跌到極點也一定會漲上去。所以，物價高的時候，不但不可以惜售，而且要視之如糞土，賣出唯恐不及；反之，物價低的時候要視如珠玉般搶進。

希寫的意思就是計然貴賣賤買理論的引申，所以懂得做生意的人，是掌握時機，而非每天斤斤計較。

名句可以這樣用

做生意就是為了賺錢，每天撥算盤斤斤計較是為了賺錢，看準時機大撈一票也是為了賺錢。然而，物價波動才得以賤買貴賣，若是在物價平穩的季節，不爭買賣價格，那就準備虧損吧！看不準時機，卻仍大言不慚「良商不與人爭價」，那就是好高騖遠。同理，「良商不與人爭價」也不能做為懦弱的藉口。

法古不足以制今

——變法革新之策

名句的誕生

王曰：「古今不同俗，何古之法[1]？帝王不相襲[2]，何禮之循？……故禮[3]世不必一其道，便國[4]不必法古。……是以聖人利身之謂服，便事之謂教，進退之謂節，衣服之制，所以齊常民[5]，非所以論賢[6]者也。……故循法之功不足以高世[7]；法古之學不足以制今。子其勿反也。」

～戰國策．趙策

完全讀懂名句

1. 法：動詞，效法。
2. 襲：延續，沿襲。
3. 禮：同「理」，治理。
4. 便國：便利國家發展。
5. 常民：人民大眾。
6. 論：評比。論賢：評比賢與不肖。
7. 高世：博取崇高名聲。

語譯：趙武靈王說：「古今習俗不同，古制怎可全盤效法？歷朝帝王並非一系相承，豈可一味依循傳統？……所以說，治理人民不能一成不變，為便利國家發展更不能拘泥古制。……聖人因此定義：對身體方便就叫『服』，做事方便就叫『教』，進退得宜就叫『節』，衣服制度是用以方便人民大眾的，不能以之評判國君賢或不肖。……所以，依循傳統的國家無法博得國際聲望，拘泥古制的國君無法治理現世。閣下還是不要再反對了吧！」

名句的故事

趙武靈王為了抵抗強秦，決定推動「胡服騎射」，這是一次劃時代的戰術改革。

在此之前的戰爭型態是以「車戰」為主，一乘兵車配備三百步兵，兵車具有衝擊震撼能力，但是迴旋靈活度不夠。趙國地處北方，與胡人長年交戰，武靈王認為胡人的騎兵戰術靈活，問題在漢人的服飾不適合騎戰，所以他推動變更服飾，以便利戰術改革。

改革一定有阻力，武靈王逐一說服了大臣、皇族元老，最後面對貴族趙照，做出前述論點，終於完成溝通工作，進行改革。趙國因此稱雄一時，後來各國相繼效法——中國的軍隊自此穿褲子打仗。

歷久彌新說名句

改革是為了適應時代進步，縱使是「復古」，也必須注入時代生命。例如服裝或音樂，復古風得以流行，肯定是用現代布料與樂器，絕不是一味復古。

王莽篡漢，實行大規模改革。然而，當時漢朝政府的情況，譬諸房屋，需要內部翻修，還不必拆掉重建。王莽卻全盤復古，尤其是幣制，他廢除當時人民稱便的五銖錢，改成古代的布幣、貝幣、龜幣等，搞得金融大亂，也搞垮了他的政權，正好應驗了「法古不足以制今」這句名言。

名句可以這樣用

傳統是應該重視並且保留的，但是不能食古不化，一味堅持傳統就會犯下「法古不足以制今」的錯誤。傳統必須賦予時代生命，才可能發揚光大。

治大者不治小

——做大事不必太顧細節之道

名句的誕生

夫吞舟之魚不游淵，鴻鵠[1]高飛，不就[2]汙地，何則？其志極遠也；黃鐘大呂[3]不可從繁奏[4]之舞，何則？其音疏也。將治大者不治小，成大功者不小苛[5]，此之謂也。」

～說苑・政理

完全讀懂名句

1. 鴻、鵠：都是大型禽類。
2. 就：接近。
3. 黃鐘、大呂：都是古時候的鐘（樂器），其音色宏亮而舒緩。
4. 從：伴奏。繁奏：節奏細碎急促。
5. 小苛：不在細小處苛求。

語譯：能夠吞下舟隻的大魚無法在水池中游動，鴻鵠高飛不會靠近汙水塘，為什麼？因為牠們的志向極遠大；黃鐘和大呂不能用來伴奏細碎急促的樂舞，為什麼？因為它們的音色宏亮而舒緩。要做大事的人不做小事，能成大功的人不苛求細節，就是這個道理。

名句的故事

故事的主人翁是孟子口中「拔一毛以利天下，不為也」的天下第一自私人物楊朱。楊朱是春秋時代九流十家當中，道家的代表人物之一，他的主張是「貴己」和「為我」——人人不損一毫，人人不利天下（謀天下之利），天下就太平了，因為人人淡薄物慾，就沒有人會去干預他人的事了。

楊朱去見魏王，談論治天下之道，好似在手掌中玩弄一件物品般輕鬆。魏王說：「先生有一妻一妾都擺不平，家中有三畝之田都種不好，為什麼能將治天下的大道理，說得如此頭頭是道？」

楊朱說：「大王見過羊嗎？上百羊群交給一個五尺童子，拿著木杖指揮，要東就東，要西就西；如果讓堯牽一隻羊，讓舜拿著木杖跟在後面，那麼，混亂場面馬上就開始了。」接著，就是前述那番話，意思是：「人的才能不一，能做大事成大功者，未必辦得好小事情，而太苛求細節的人，做不成大事業。」

歷久彌新說名句

漢文帝時，陳平擔任丞相。皇帝問他：「司法一年判刑數量多少？全國一年稅收多少？」陳平回答：「這些事各有所司。」皇帝問：「該誰主管？」陳平說：「司法的事問廷尉，稅收的事問治粟內史。」皇帝問：「百官各有所司，那你丞相幹啥？」陳平說：「宰相對上輔佐天子調理陰陽，順應四時，對下讓百姓安居樂業；對外宣撫四夷諸侯，對內管理卿大夫各自盡忠職守。」

這番對話既是「分層負責」的經典，同時也是「治大者不治小」名句的實踐範例。

名句可以這樣用

劉邦赴項羽的鴻門宴，僥倖躲過「項莊舞劍，意在沛公」的危機，藉口上廁所「尿遁」逃回灞上。剛溜出宴會時，劉邦還假惺：「未及向主人辭行，不好意思。」樊噲對他說：「大行不顧細謹，大禮不辭小讓。」樊噲的重點在後句，此時此刻性命交關，哪還能顧及小節？而前句就和「治大者不治小」是同一道理。

十年生聚，十年教訓
——除疾務盡之諫

名句的誕生

（伍員）退而告人[1]曰：「越十年生聚[2]，而十年教訓。二十年之外[3]，吳其為沼[4]乎？」

～左傳．哀公元年（伍員諫平越）

完全讀懂名句

1. 退而告人：私下對人說。
2. 生聚：生民聚財。
3. 之外：之後。
4. 沼：汙池。

語譯：伍員（伍子胥）私下對人說：「越國用十年的時間加強生產、蓄積財富，再以十年時間做教育訓練。等到二十年以後，姑蘇城恐怕要變成一片沼澤（毀滅）了！」

名句的故事

吳王夫差報父仇，打敗越王勾踐，勾踐以極屈辱的姿態請降（男為奴，女為妾），夫差還在考慮是否接受時，伍子胥進諫。

伍子胥首先提出「樹德莫如滋，除疾莫如盡」，說明「施恩德務求擴大效益，除禍患務求徹底斷根」的道理；然後舉少康中興「有田一成，有眾一旅」（十里地，五百人）而能成功的例子，提醒夫差，吳國不比當年滅夏的過澆強大，而勾踐殘餘的力量則大於少康，恐怕後患無窮。

吳王夫差沒聽進伍子胥的諫言，而伍子胥的

預言果然成真——二十二年後，越軍攻入姑蘇城！

歷久彌新說名句

「內無法家拂士，外無敵國外患者，國恆亡。」吳王夫差好大喜功，從來不缺敵國，打敗越國之後，仗著兵強馬壯，進而逐鹿中原，與齊、晉等大國爭諸侯霸王之位，更曾大會諸侯於黃池，真的當上了霸王。

然而，夫差的事業巔峰就只在那一瞬間而已——黃池大會同時間，越軍已攻進姑蘇。

檢討夫差盛極而衰的轉捩點，其實在他下令伍子胥自殺的那一刻，從此，吳國不再有人膽敢向君王提出諫諍。也就是「內無法家拂士」，內部沒有拂逆君王的忠言；而君王的心中又「外無敵國外患」，因為他看不起所有的敵國，自以為天下無敵。只要這兩種情況同時發生，歷史告訴我們，這個國家就已經注定了亡國的命運！

伍子胥有大功於吳國，即使得罪夫差，理當不至於死。可是他既已預見亡國，就將兒子送到齊國，託付給朋友，還將兒子改姓氏，因而啟了夫差的殺機。

伍子胥犯的錯誤是：要嘛，就在吳國當一個孤臣孽子；要嘛，就完全脫離，帶著妻小遠走他國。但他卻做了兩相衝突的動作，豈不該死！

名句可以這樣用

「十年生聚，十年教訓」實為敗部復活的不二法門。而生聚必先於教訓，先振興經濟（富國）才有條件談強兵，如果人民還在餓肚子，卻奢言壯大國防，那就是「窮兵黷武」了。

禍福無門，唯人所召
——以利誘人從命之鑑

名句的誕生

季武子[1]無適[2]子，公彌[3]長，而愛悼子[4]，欲立之。……訪於臧紇[5]。臧紇曰：「飲我酒，吾為子立之。」……季氏以公鉏為馬正[6]，慍而不出，閔子馬[7]見之，曰：「子無然。禍福無門，唯人所召。為人子者患不孝，不患無所，敬共[8]父命，何常之有？若能孝敬，富倍季氏可也。姦回不軌，禍倍下民可也。」公鉏然之，敬共朝夕，恪[9]居官次。

～左傳．襄公二十三年（閔子馬使公鉏孝敬）

完全讀懂名句

1. 季武子：魯國三大家族之一，季孫氏的族長。
2. 適：嫡。
3. 公彌：季武子的長子，即後文所稱「公鉏」。
4. 悼子：季武子的次子。
5. 臧紇：臧孫氏的族長。
6. 馬正：家族的司馬，位次世子。
7. 閔子馬：魯國大夫。
8. 共：恭。
9. 恪：謹。

語譯：季武子沒有嫡室兒子，公鉏年長，但季武子喜歡悼子，有意立悼子為繼承人。為了此事拜託臧紇，臧紇幫忙季武子立悼子為世子，讓公鉏擔任家族的司馬。

公鉏為此生氣，不肯搬出長子居處。閔子馬去見他，說：「你不要這個樣子。人的禍福並無一定規則，看你怎麼做，就會有怎樣的結果。做兒子的，只怕不孝，不怕沒位子，只要敬奉父親的命令，情勢是會變化的。如果孝敬父親，有可能財富倍於正統繼承人；如果不聽話，災禍可能臨頭，到時候連賤民都不如。」公鉏接受他的勸說，恭敬遵守父命，乖乖的搬進司馬的房舍。

名句的故事

後來，魯國另一個大家族孟孫氏的族長孟莊子病重，請來公鉏對他說：「如果你能扶立我的庶生兒子羯，我幫你報復臧紇。」

孟莊子病逝，公鉏將羯安排在喪禮主位，季武子質問：「長子秩在哪裡？」公鉏回頂：「這是孟莊子的遺命，不必拘泥長幼。」

之後，三家為此相互攻伐。魯國史官說：「這都是殺嫡立庶、廢長立幼以致於此。」

歷久彌新說名句

廢嫡奪位是歷史上的亂之源，但是若嫡子是個蠢才，同樣會招致災難。

西晉惠帝是說出「何不食肉糜」的蠢皇帝。他還是太子的時候，好幾次有大臣對晉武帝表示「太子恐怕無法承當國家大任」。晉武帝找了幾位比較聽話的大臣負責教導太子，一段時間後，這幾個馬屁精回報：「太子明識雅度，大有長進。」

後來，晉惠帝即位，因為實在太蠢，引起諸王覬覦大位，導致「八王之亂」。這也算是晉武帝「禍福自召」吧！

名句可以這樣用

請參考「轉禍而為福，因敗而為功」一章，比較「禍兮福所倚，福兮禍所伏」與本句，前者意思略同「禍福無門」，但是閔子馬以利勸誘公鉏，卻正是禍端。

唯器與名，不可以假人

——不可破壞制度之論

名句的誕生

于奚[1]救孫桓子[2]，桓子是以免。既，衛人賞之以邑，辭。請曲縣[3]、繁纓[4]以朝，許之。仲尼聞之，曰：「惜也，不如多與之邑。唯器[5]與名，不可以假[6]人，君子[7]所司也。……若以假人，與人政也。政亡，則國家從之，弗可止也已。」

～左傳・成公二年（孔子惜繁纓）

完全讀懂名句

1. 于奚：衛國大夫。
2. 孫桓子：衛國大夫，名孫林文。在新築被齊軍擊敗，于奚是新築守將，救了孫林文。
3. 縣：同「懸」。曲懸鐘磬是諸侯的禮儀，大夫用曲懸是逾越制度。
4. 纓：馬的裝飾。繁纓，也是諸侯禮儀。
5. 器：器用，指曲懸與繁纓。
6. 假：借。
7. 君子：在此為「國君」或「執政者」之意。

語譯：于奚在新築一役救了孫桓子，桓子得以逃過殺身之禍。後來，衛君要賞于奚土地，他推辭土地，請求賜予曲懸和繁纓的特權（比照諸侯排場），衛君准他。孔子聽說此事，評論：「可惜了，不如多給他（于奚）一些土地。儀仗和名位是絕對不可以輕授的，這是君主的權力基礎。……輕授名器等於將政權交到他人手上，政權不握在君主手中，國家就要亡了。這將是擋不住的趨勢！」

名句的故事

孔子最重視禮儀制度，認為那是國家制度的表徵，一旦破壞了制度，上下之分就沒了，國家就亂了。

事實上，自周平王東遷以後，周王室衰微，周公當初訂下的制度乃無法維持。其原因是國際形勢已變，周禮卻一成不變。

《左傳》魯莊公十八年，虢公和晉侯朝拜周天子，周天子給他們同等的賞賜，（虢是公爵，晉是侯爵。但因為晉大、虢小，所以周天子賞賜晉侯「逾分」）孔子因而評論「非禮也」，因為公、侯的爵位有分，不可「以禮假人」。

《論語・八佾》談的就多是關於謹守禮儀的事情，包括對季氏用「八佾」，孔子說：「是可忍，孰不可忍。」子貢想要省去告朔餼羊（祭祀供品），孔子說：「爾愛其羊，我愛其禮。」後者和本文「不如多與之邑」同理。

歷久彌新說名句

周王室不修改制度，導致制度被破壞，終於無可挽回；孔子拘泥周公之禮，也因此受到後世批評。

然而，孔子雖昧於現實（知其不可而為之，當然不會成功），他的道理卻是正確的。後世重臣篡位者多循「贊拜不名」、「劍履上殿」、「假黃鉞」、「用九錫」等模式進行，就是先僭越名器，造成人民「反正他只差一步了」的印象，之後那「一大步」就輕鬆了！

名句可以這樣用

即使到了今天，當政者「亂授名器」、因人設事，同樣是破壞制度的行為。政府體制一旦亂了，就同樣是「弗可止也已」。

耳不聽五聲之和為聾
——辨明親疏敵我之道

名句的誕生

王將以狄伐鄭，富辰[1]諫曰：「不可。臣聞之，大上[2]以德撫民，其次親親[3]以相及也。……鄭有平惠[4]之勳，又有厲宣[5]之親，棄嬖寵[6]而用三良[7]，於諸姬為近，四德具矣。耳不聽五聲[8]之和為聾，目不別五色[9]之章為昧，心不則德義之經[10]為頑，口不道忠信之言為嚚，狄皆則之，四姦具矣。」王弗聽，使頹叔、桃子[11]出狄師。

～左傳・僖宮二十四年（富辰諫以狄伐鄭）

完全讀懂名句

1. 富辰：周大夫。
2. 大上：太上，至高無上。
3. 親親：親近關係較親者。
4. 平惠：周平王與周惠王。
5. 厲宣：周厲王與周宣王。
6. 嬖寵：佞臣與寵臣。
7. 三良：叔詹、堵叔、師叔，三位皆鄭國賢大夫。
8. 五聲：宮、商、角、徵、羽。
9. 五色：蒼、赤、白、黑、黃。
10. 經：常道。
11. 頹叔、桃子：二人皆周大夫。

語譯：周襄王要以北狄的兵攻伐鄭國。富辰勸諫說：「不可以。常言道，最高等的領導人是以德施政，一視同仁；其次一等是先親近關係較親者，然後漸次擴大。鄭國曾經立下輔佐周平王、周惠王的功勳，鄭國始祖鄭桓公又是周厲王之子、周宣王之弟，鄭文公罷黜佞倖而任用賢良，而且鄭國是所有姬姓（周王室同姓）諸侯當中最靠近的，具備了勳、親、賢、近四項優點。至於北狄族，他們的音樂不是五聲音階，不以五色分辨顏色（文化不同），行為不遵循我們的常道，說話不講忠信，具備了聾、昧、頑、嚚四項缺點。」（他的意思是說，鄭是親近之國，狄是化外異族，不可引異族攻親族。）但是周襄王不聽，仍然派頹叔和桃子去狄國，請他們出兵。

名句的故事

狄軍為周襄王出了怨氣，襄王娶狄君之女隗氏為后。結果，王子姬帶私通隗氏，襄王就廢了狄后，而頹叔和桃子卻引狄軍進攻周王畿，襄王出奔，頹叔、桃子擁立王子帶。

猜猜看襄王逃去哪裡？——鄭國！

歷久彌新說名句

同姓究竟可親，還是可畏？

漢高祖劉邦誅殺功臣，規定非劉姓不封王，他防範外姓而信任同姓，但是後來發生「七國之亂」，差點政權轉移。

西晉的教訓更嚴峻，「八王之亂」搞垮了政權，於是五胡亂華。

結論是富辰那一句「大上以德撫民」，只有普行仁政，一視同仁，才是致太平之道——只要「分」，就會異類相斥，就是最大危機。

名句可以這樣用

「耳不聽五聲之和為聾」是排斥異族文化的說法，今天已經不適用。但是若有耳不能聽、有目卻不明，領導人耳不聰、目不明、心不正、言不信，則無異於聾子、瞎子、邪徒、騙子！

天生民而樹之君——利民養民之道

名句的誕生

邾[1]文公卜遷於繹[2]，史[3]曰：「利於民而不利於君。」邾子曰：「苟利於民，孤之利也。天生民而樹[4]之君，以利之也。民既利也，孤必與[5]焉。」左右曰：「命可長也，君何弗為？」邾子曰：「命在養民，死之短長，時也。民苟利矣，遷也，吉莫如之。」邾文公卒，君子[6]曰：「知命。」

～左傳．文公十三年（邾文公知命利民）

完全讀懂名句

1. 邾：諸侯名，位於山東境內，為子爵之小國，故以下稱「邾子」。
2. 繹：地名。卜遷於繹：為遷都於繹而卜卦。
3. 史：人名，瞽史是一個會卜卦的瞎子。
4. 樹：立。
5. 與：用法如「參與」之與。
6. 君子：左丘明自稱。

語譯：邾文公計畫遷都於繹，事先卜卦。瞽史說：「卦象對人民有利，對國君不利。」邾文公說：「只要對人民有利，就是對我有利。上天創造人類，所以為他們立君，以造福人民。人民有利了，國君也有份哪！」侍臣說：「不遷都可以長命，國君為何不為自己壽命打算？」邾文公說：「國君的使命就是養民，什麼時候該死，和遷不遷都無關。只要對人民有利，就還！沒什麼事比這（利民）更吉祥的了。」果然，還都以後不久，邾文公就去世了。左丘明評論：邾文公實在是一位懂得「天命」的國君。

名句的故事

一位以人民利益至上的國君，人民一定也會回報國君。

邾國和魯國為了領土問題而開戰，魯國大而邾國小，魯國是公爵、邾國是子爵，所以魯僖公看不起邾國，沒有做必要的防禦措施（如預防伏兵等）。

魯國大夫臧文仲引用《詩經》的「戰戰兢兢，如臨深淵，如履薄冰」，勸魯僖公謹慎以對。可是魯僖公不聽，結果魯軍大敗，魯僖公的甲冑被邾國掛在城門上（被羞辱）。

邾國戰勝魯國，除了魯國輕敵致敗之外，邾國人民勇於為國君作戰，肯定也是重要因素。

歷久彌新說名句

回味一下「善不可失，惡不可長」一章的故事：陳桓公看不起鄭國，認為宋國和衛國才是對手，鄭國不足為懼，結果大敗。當時陳國大夫五父就曾說：「親近賢人，是國家之寶。」意思是任用好人，國政就會好，人民就會對國君效忠，這和「利民即利君」的道理是相通的。

名句可以這樣用

再對照一下「苟無民，何以有君」，這一句不正好是「天生民而樹之君」的最佳注解嗎？

春蒐、夏苗、秋獮、冬狩

——順應時序治國之道

名句的誕生

公[1]將如棠[2]觀魚者。臧僖伯諫曰：「不軌[3]不物[4]，謂之亂政。亂政亟行[5]，所以敗也。故春蒐、夏苗、秋獮、冬狩[6]，皆於農隙以講事也。……若夫山林川澤之實[7]，器用之資[8]，皁隸[9]之事，官司之守，非君所及也。」公曰：「吾將略地焉。」遂往陳魚[10]而觀之。

～左傳・隱公五年（臧僖伯諫觀魚）

完全讀懂名句

1. 公：魯隱公。
2. 如：前往。棠：魯國邊境一地名。
3. 不軌：訂定制度為「軌」，不軌則指不守制度。
4. 不物：規定物用彩飾為「物」，不物則指破壞服飾器用的規矩。
5. 亟行：一再施行。
6. 春蒐、夏苗、秋獮、冬狩：古代田獵因季節不同而給予不同名稱。獮：音ㄒㄧㄢˇ，xiǎn。
7. 實：出產。山林川澤之實：林產與水產。
8. 資：材料。
9. 皁隸：基層公務員。皁，音ㄗㄠˋ，zào，同「皂」。
10. 陳：張列。陳魚：張設捕魚之具。

語譯：魯隱公要去棠地看捕魚。大夫臧僖伯

勸諫：「不守制度、破壞規矩就叫做亂政。亂政一再施行，是國家敗亡的原因。所以，春天打獵稱為『蒐』：只獵取禽獸未懷孕者；夏天打獵稱為『苗』：去除那些會傷害田苗的動物；秋天打獵稱為『獮』：配合肅殺之節氣；冬天打獵稱為『狩』：作物已收成，可以盡情獵捕。都是在農閒之時，藉田獵以訓練武藝、培養戰士。至於林產、水產這些東西，都是日常生活所需，屬於基層小吏的工作，已各有分層負責，不該君王親自去做。」魯隱公說：「我就是為了巡視邊境防務才要去棠地啊！」於是去到棠地，大張捕魚的陣仗，賞心悅目一番。

名句的故事

由這個故事可以看到古代的國君生活是何等貧乏。尤其魯國是周公的後代，魯國君臣一向以禮儀的守護者自居，諸侯之間有紛爭，都還會到魯國來請求「釋禮」（有點像大法官釋憲）。所以，魯隱公只是想看一看捕魚的盛況，都不免於大夫的諍諫。

歷久彌新說名句

唐憲宗喜好佛教，朝中「馬屁集團」將法門寺三十年才開一次的佛骨塔中所藏佛指舍利（數年前曾來台灣展覽）迎入宮中，刑部侍郎韓愈上疏進諫，舉南梁武帝蕭衍因好佛而亡國的故事為鑑，主張將佛骨燒成灰燼。差一點，這位「文起八代之衰」的大文豪，就因此丟了腦袋。

臧僖伯和韓愈的重點都在於，觀魚和供奉佛指舍利都不免於擾民。也就是說，國君最忌諱就是打亂了人民的生產節奏，而且，國君放縱自己，上有好者下必有其焉，上下一齊放縱，就是亂政。

名句可以這樣用

我們常用「春耕、夏耘、秋收、冬藏」來描述農業社會的四季工作，和「春蒐、夏苗、秋獮、冬狩」一樣，是不失農時的意思。

施恩於窮士——買進投機股之策

名句的誕生

謂周君曰：「今君將施[1]於大人，大人輕[2]君；施於小人，小人無可以求，又費財焉。君必施於今之窮士，不必且為大人者，故能得欲矣。」

～戰國策・東周策

完全讀懂名句

1. 施：施惠。
2. 輕：輕視。

語譯：（杜赫）對東周國君說：「君王現在如果將財貨致贈大人物（諸侯重臣），那些大人物反而輕視您；但若將恩惠施於小人物，對您無幫助，反而浪費了金錢。所以，君王應該施恩於目前尚未得志的才智之士，說不定哪天飛黃騰達了，就可以達到您的目的。」

名句的故事

楚國大夫杜赫想要讓周文君禮遇景翠，就對周文君說了這番道理。

杜赫的重點在於，周王室衰微且分裂，為了籠絡諸侯，總是送禮物給諸侯的重臣，但是那種作法成本既高，且反而招致輕視，不如將有限的籌碼押在「賠率較高」的對象上面。

杜赫當時還以張網捕鳥為喻，將羅網架設在沒有鳥的地方，一整天也捕不到鳥；架設在很多鳥的地方，則容易驚動鳥群而飛走。擅長捕鳥的人，總是將網架設在有鳥無鳥的中間地帶，就能有所收獲。

歷久彌新說名句

人在得意的時候，對於各種禮遇、讚美、諂媚，總是視為理所當然，一旦失勢則惶惶然如喪家之犬，值此時刻禮遇之，常能收到極佳的效果。

景翠曾經在楚國權傾一時，官爵達到了最高位（參考「戰勝無加，不勝則死」一文），一旦下台，而周君給予禮遇，若有東山再起之日，楚國必定能成為周王室的後盾，這是杜赫所言具有說服力之處。

秦亡、楚漢相爭時，劉邦派韓信攻打趙國，趙國的成安君陳餘不採納李左車的建議在井陘截擊韓信，而讓韓信安然通過井陘。後來韓信將趙軍打敗，下令「一定要找到李左車」。

李左車被五花大綁送到韓信帳下，韓信親自為李左車鬆綁，並且請他上座，向他請教平定燕國的策略。李左車先是謙稱「敗軍之將不可言勇」，之後向韓信獻策，不費一兵一卒讓燕國歸附——韓信就是利用了前述的心理。

韓信說服李左車，引用了「百里奚居虞而虞亡，在秦而秦霸」的故事，這個故事便是「施恩於窮士」的最佳事例。

百里奚原本是虞國大夫，虞國被晉國滅亡，他成為俘虜。晉獻公將女兒嫁給秦穆公，百里奚也在陪嫁隨從之列，但是他中途脫逃，在宛地被楚國人捉去。

秦穆公一向聽說百里奚是個人才，但是恐怕用重金去贖的話，楚人反而警覺，於是派人去說：「我的夫人隨從逃亡到貴國，願以五羖（五張羊皮）贖他回來。」楚國人將百里奚「引渡」回秦國，秦穆公向他請教國家大政，百里奚與秦穆公對談三天，秦穆公非常欣賞，封他為「五羖大夫」，委以大任，襄助秦穆公成為春秋五霸之一，而秦穆公的「成本」只有五張羊皮！

名句可以這樣用

窮士的「窮」不是貧窮的意思，而是「窘迫困頓」（不得志、失意）的意思。也就是那些懷才不遇或時運不濟的才智之士，並非指平凡的窮人。

另外有一個詞叫做「燒冷灶」，但多半應用在支持有潛力的「下台鳳」；「施恩於窮士」則應用於居上位者拉拔人才。

若應用到股市投資方面，買進熱門股或當紅主流股，成長的空間可能有限，搞不好還被高檔套牢。如果將有限的資金選擇可能「鹹魚翻身」的股票押注，一旦發飆，獲利可觀。當然，這是投機的作法，也可能血本無歸，但若以東周君的處境而言，他的籌碼已少，卻不能選擇保本退出，也只有這條路可走了。

戰國策100

待人接物之策

鳳凰不翔，麒麟不至

——將心比心的說服之策

名句的誕生

趙豹、平原君[1]，親寡君之母弟也，猶[2]大王之有葉陽、涇陽君[3]也。……臣聞之：「有覆巢毀卵，而鳳凰不翔；刳胎焚夭[4]，而麒麟不至。」今使臣受大王之令以還報，敝邑之君，畏懼不敢不行，無乃傷葉陽君、涇陽君之心乎？」

～戰國策・趙策

完全讀懂名句

1. 趙豹、平原君：二人皆趙孝成王之弟，趙勝封平原君，趙豹封平陽君。參考「貴不與富期，而富至」一章故事。
2. 猶：有如。
3. 葉陽、涇陽君：二人皆秦昭王同母弟。
4. 刳：剖開。刳胎焚夭：剖開獸胎、焚燒小獸（烤食）。

語譯：（趙國使者諒毅對秦昭王說）趙豹和平原君都是我們國君一母親生的弟弟，好比大王有葉陽君和涇陽君。我聽說過：「如果有弄翻鳥巢、毀壞鳥卵的情事，鳳凰就不會飛來；如果有剖開獸胎、烤食幼獸（乳豬、小羊等）的情事，麒麟就不會來。」（意謂傷害幼小是不吉祥的。）如今我若將大王的命令回報，我們國君不敢不遵行，豈不會傷了葉陽君和涇陽君的心嗎？

名句的故事

秦國攻下魏國的寧邑，諸侯都派使節前往祝賀，只有趙王派去的使節往返三次都不獲接見，趙孝成王為此憂心（秦昭王擺明是給臉色看）。有人推薦諒毅，諒毅去到秦國，秦王派人對他說：「趙國如果一概照寡人之意去辦，我就接受國書和貢禮，否則的話，就請回吧！」

諒毅表示「唯命是聽」，秦昭王乃接見他，見面第一個要求就是：「趙豹和平原君屢次戲弄寡人（事實是，二人為趙國干城，屢次抵禦秦國侵略，尤其平原君的國際關係極好），若趙王能殺此二人，一切好談，否則我將率領諸侯聯軍兵臨邯鄲城下。」

諒毅以前述說法要秦昭王「將心比心」，並且冠上殺雞不祥的大帽子，秦昭王只好說：「好吧！那就不許他二人參與政事！」諒毅只能答應，回國覆命，但趙國總算度過一次危機。

歷久彌新說名句

諒毅引用的是孔子的話，分別見諸《史記·孔子世家》和《大戴禮·易本命》，原句是：「刳胎焚夭，則麒麟不至郊；竭澤涸漁，則蛟龍不含陰陽；覆巢毀卵，則鳳凰不翔。」其寓意是「天生人、禽獸、萬物、昆蟲，各有以生」，也就是古早的生態保育觀念。

名句可以這樣用

不提「覆巢毀卵，刳胎焚夭」，單用「鳳凰不翔，麒麟不至」，則是指多行不義或施政暴虐之後，各種好事情都不再降臨——來的都是天災人禍。

人事已盡，鬼事未聞
——因人而異的遊說之策

名句的誕生

孟嘗君將入秦，止者[1]千數而弗聽。蘇秦欲止之，孟嘗君曰：「人事[2]者，吾已盡知矣；吾所未聞者，獨鬼事[3]耳。」蘇秦曰：「臣之來也，固[4]不敢言人事也，固且以鬼事見[5]君。」孟嘗君見之。

～戰國策．齊策

完全讀懂名句

1. 止者：勸阻的人。
2. 人事：人間之事。
3. 鬼事：鬼神之事。
4. 固：就是，的確。
5. 見：請見。

語譯：秦國聘請孟嘗君去擔任宰相，勸阻他的人超過千人，可是他都不聽。蘇秦有意勸阻他，孟嘗君說：「人間之事我已經全都知道了（所有說法都聽遍了）；我沒聽過的只剩鬼神之事了。」（意圖推卻蘇秦。）蘇秦說：「我這一次前來，的確不敢談人間之事，就是要和閣下面談鬼神之事。」孟嘗君推不掉，只好接見他。

名句的故事

蘇秦對孟嘗君說了什麼「鬼神之事」？故事如下：

「我（蘇秦）來的路上，經過淄水，在河邊

聽到一個土偶和一個桃梗（木偶）對話。木偶對土偶說：『你是西岸之土塑成的，等到雨季來臨，大水漲上來，土遇到水，你就殘破了。』土偶說：『你錯了。我原本就是岸邊之土，縱使被大水沖壞，不過回歸兩岸罷了。你呢？是以東岸的桃梗雕成，雨季來臨，大水上漲，你根本不曉得自己會漂到哪裡去啊！』」然後蘇秦分析，秦國不是祖國，此去如入虎口，進去就不曉得能不能出來了！於是孟嘗君打消入秦之意。

這個木偶與桃梗的對話比喻，單單《戰國策》就有二則記載，另一「策」是蘇秦對趙國大將李兌說的，只不過場景由河岸邊變成了田埂。看來，蘇秦還滿喜歡用這個譬喻的，而且能夠就近取譬。

歷久彌新說名句

這是秦國第一次邀請孟嘗君去當宰相，由於蘇秦（《史記》記載是蘇代）的勸阻而未能成行。秦國第二次提出邀請，孟嘗君就去了，結果差一點被蘇秦說中而回不了齊國，全仗門下「雞鳴狗盜」之徒，才得以脫身。

從秦國回到齊國，齊湣王才覺悟人才不應外流，就任命孟嘗君為宰相。但是不久就遭小人中傷而下台，又去到魏國當宰相。齊湣王在燕國樂毅伐齊時去世，田單擁立齊襄王，以二城復齊後，孟嘗君回到封地薛城，另稱「薛公」，在諸侯之間採取中立（獨立小國，如歐洲的列支敦斯登）。

如此人才，「漂流」各國都當宰相，但卻都不見容於小人。最終還是回到根本地盤，才免於「木梗之患」。（成語出自此典。）

名句可以這樣用

蘇秦（或蘇代）碰到孟嘗君這種「人事已盡，鬼事未聞」的角色，能夠隨機應變，立即想出一個偶像對話的寓言，用俗語來形容，真是「見人說人話，見鬼說鬼話」的經典之作了。

有實無名，有名無實

——激怒君王的險策

名句的誕生

有其實而無其名者，商人是也，無把銚[1]推耨[2]之勢，而有積粟[3]之實，此有其實而無其名者也。無其實而有其名者，農夫是也，解凍而耕，暴背而耨，無積粟之實，此無其實而有其名者也。無其名又無其實者，王乃是也，已立為萬乘[4]，無孝之名，以千里養，無孝之實。

～戰國策・齊策

完全讀懂名句

1. 銚：音，ㄧㄠˊ，yáo，此指大鋤頭。
2. 耨：音，ㄋㄡˋ，nòu，除草的農具。
3. 粟：穀物的總稱。
4. 萬乘：依照周制，天子地方千里，兵車一萬輛，後世因稱天子為「萬乘」。

語譯：有實無名的人是商人，他們不受下田耕作之苦，卻擁有滿倉穀糧，這就叫做「有實而無名」。無實有名的人是農夫，嚴冬才過就得下田耕作，夏天則曝曬在驕陽下鋤草，卻家無存糧，這就叫做「無實而有名」。既無實又無名的是大王陛下啊！已經貴為萬乘之國的君王，卻無孝名；擁有千里國土供養自己，卻無孝行。

名句的故事

秦始皇的母親與嫪毒發生姦情，秦始皇車裂嫪毒，廢黜太后。

秦國的處士頓弱見秦始皇，劈頭就是前述那番議論，秦始皇當然大怒。而頓弱急忙申述：「大王的威風不能加於東方六國，卻先加之於母后，臣深為大王感到委屈。」

秦始皇是個有野心的君主，聞言即知頓弱不是要來羞辱他，而是有「統一大計」要來獻策，就讓他說下去。結果，秦始皇採納了頓弱的建議，撥給他萬金去遊說諸侯，並且讓趙國殺了名將李牧。除了楚國之外，另外五國都歸順秦國，也就是再度拉起「連橫」陣線，孤立強敵楚國。

歷久彌新說名句

頓弱走的是一步險棋，但是他成功的刺激了秦始皇，願意傾聽他的獻策。然而，這一招萬一不生效，就有可能引來殺身之禍。

《三國演義》話說曹操有意招安荊州劉表，得物色一個人去當說客，賈詡推薦孔融，孔融推薦禰衡。曹操召來禰衡，試探他的才能，禰衡卻將曹操手下謀臣戰將批評得一文不值：「荀彧只能弔喪問疾、荀攸只能守墓、程昱只能看管門戶……其餘皆是衣架、飯囊、酒桶、肉袋。」之後又演出「擊鼓罵曹」。

曹操大怒，但不想背負誅殺知識分子的罵名，就派禰衡去遊說劉表。禰衡見了劉表，又是口中頌德，其實譏諷，劉表就假手黃祖殺了禰衡——這是三十六計當中的「借刀殺人」。而禰衡只達到了激怒的目的，卻完全沒有機會發揮才能。

名句可以這樣用

頓弱的「有實無名，有名無實」雖為比喻，但是對農業社會中，農夫終年辛苦卻家無餘糧，商人則成為中間剝削階級的情況，的確做了真切的描述。

君子殺身以成名

——勸人功成身退之策

名句的誕生

若此三子[1]者，義之至、忠之節也。故君子殺身以成名，義之所在，身雖死，無憾悔，何為不可哉？

～戰國策．秦策

完全讀懂名句

1. 三子：秦國的商鞅、楚國的吳起、越國的文種三人，都對國家做出重大貢獻，卻都沒有好下場。

語譯：以上這三位（文種、商鞅、吳起），堪稱義行的極致、忠臣的典範。所以說，君子常能犧牲性命以成全名節，只要是大義所在，即使失去生命也無所遺憾、懊悔，為什麼不能效法呢？

名句的故事

遊說之士蔡澤進入秦國，四處放話「只要我一旦見到秦王，必定取代宰相范睢的地位」。范睢派人找來蔡澤，蔡澤鼓動如簧之舌，勸范睢功成身退把宰相位子讓給他坐。

在兩人言辭交鋒當中，蔡澤問范睢：「從前秦國的商鞅、楚國的吳起、越國的文種，他們可有好下場？」

商鞅變法讓秦國富國強兵，吳起為楚悼王開疆拓土，文種輔佐勾踐復國，三人都為國家立下不世功勛，但其下場都很慘——商鞅車裂、吳起亂箭身亡、文種被勾踐逼死。

范睢對蔡澤做了前述答覆，可是蔡澤提出：「如果一定要等到身死才能成全名節，其結果將是陷國家於動盪、害君王蒙上不仁之名。為什麼閣下不在此時功成身退？保全自己的生命和榮華富貴，爵位也能傳給子孫。」

范睢接受了蔡澤的遊說，向秦昭王推薦蔡澤，范睢自己稱病不朝，把宰相位子讓給了蔡澤——這幾乎是戰國時代絕無僅有的事例。在當時，常見才智之士相互鬥爭排擠，至多推薦人才做為自己的黨羽奧援，絕少功成身退、讓位賢能的情形。

歷久彌新說名句

春秋五霸之一的齊桓公用管仲而富強齊國。管仲原本是齊桓公的仇人，他曾幫助公子糾與桓公爭位，暗殺齊桓公不成，但齊桓公採納鮑叔牙的建議，不計前嫌任命管仲為宰相。齊桓公成為名君，管仲成為名相。

然而，有人批評管仲靦腆事仇，不能為公子糾「盡節」。管仲說：「人家認為我不能死節為可恥，我卻認為，有才能而不能讓國家的威信布於天下才是可恥。」

名句可以這樣用

應該「殺身以成名」？還是應該「包羞忍恥以報國」？這個問題恐怕永遠沒有正確的答案。同樣的，功成應不應該身退？也沒有一定的結論。唯一可以確定的，就是多數人做不到！

世人不為「名」，即為「利」；為名者可以死而無悔，逐利者更無畏於身敗名裂。然而在名利雙收之後，急流勇退才不失為持盈保泰之策。

曾參殺人，慈母不能信
——預防讒言相害之策

名句的誕生

有與曾子同名族者而殺人，人告曾子母曰：「曾參殺人。」曾子之母曰：「吾子不殺人。」織自若[1]。有頃[2]焉，人又曰：「曾參殺人。」其母尚織自若也。頃也，一人又告之曰：「曾參殺人。」其母懼，投杼[3]踰[4]牆而走。

～戰國策．秦策

完全讀懂名句

1. 自若：態度自然如平常一般。
2. 有頃：一會兒。
3. 投杼：丟下手中的梭具。杼：音ㄓㄨˋ，zhù，織布機上牽引緯線的工具。
4. 踰：越過，跳過。

語譯：有一個和曾參同名同姓者殺了人，有人告訴曾子的母親「曾參殺人」，曾子的母親說：「我兒子不會殺人。」便繼續織布，神情自若。過一會兒又有人來說「曾參殺人」，曾母仍然照常織布。又過一會兒再來一人說「曾參殺人」，這次曾子的母親害怕了，丟下織布的梭子，越過牆逃走。

名句的故事

這是甘茂對秦武王講的一則寓言。

秦武王派甘茂前往魏國締盟，聯兵攻韓。甘茂完成使命之後，秦王要甘茂率軍攻打韓國的宜陽。甘茂分析宜陽的地形易守難攻，恐怕要打很久才攻得下，他擔心久攻不下會受到樗里疾和公孫衍（同為秦國客卿，是甘茂的政敵）的讒言陷害，於是對秦武王說了這個寓言，然後申論：「以曾子那樣的聖賢之人，以曾母對兒子的信任，在連續三人表示『曾參殺人』之後，尚且不得不相信。那麼，以我這個不如曾子賢明的客卿，且大王對我的信任不如曾母信任曾子，只怕不必三個人提出對我的質疑，大王就要『投杼』了。」

秦武王說：「你放心，我一定不聽他人閒話。」為了安甘茂之心，秦武王與甘茂在「息壤」地方訂下盟約。

甘茂攻宜陽，五個月尚未能攻下。樗里疾和公孫衍二人果然在秦王面前「打針下藥」，秦王召回甘茂予以警告。甘茂見了秦武王，說：「息壤就在那個地方啊！」（提醒息壤之盟及當初之言。）武王說：「我記得。」於是加派兵力，終於攻下宜陽。

（甘茂攻宜陽的故事，請同時參考「戰勝無加，不勝則死」一文。）

歷久彌新說名句

晉文公在即位之前，流亡國外，後來得到秦穆公的支持回國執政。將要渡河（秦晉界河）之時，隨同流亡多年的舅舅狐偃對晉文公說：「這些年來我多有得罪之處，請國君自此歸國，我情願死在這裡。」晉文公將一塊璧玉投入河水，發誓：「我若不與舅舅同心，有如此水。」（意謂以璧為信物，以河神為見證。）同為國君與臣子締約的故事。

名句可以這樣用

「曾參殺人」現在引申為「眾口一詞可以顛倒是非黑白」。甘茂與秦武王的盟約，則是成語「息壤在彼」的典故，引申為「不忘誓約」。至於狐偃與晉文公的盟誓，除了應證「預防讒言加害的先見之明」外，更見證了「伴君如伴虎」，尤其侍候雄才大略之君，益發得小心。

三人成虎，十夫揉椎
——提醒眾人相讒危機之策

名句的誕生

今君雖幸於王，不過父子之親，且君擅主輕下之日久矣。聞「三人成虎，十夫揉[1]椎[2]；眾口所移，毋[3]翼而飛」，不如賜軍吏而禮之。

～戰國策・秦策

完全讀懂名句

1. 揉：使彎曲。
2. 椎：敲打東西的器具。
3. 毋：通「無」。

語譯：閣下雖然得到君王的寵信，但是不會超過父子的骨肉之親，況且閣下長期以來，依恃君王寵信而輕慢部下（部下累積不滿情緒）。常言道：「三個人說有老虎，大家就相信有老虎；十個人說某人力能折彎鐵椎，大家也會相信。當大家都這樣說時，事實真相就不翼而飛了。」閣下何不賞賜部下且禮遇他們呢？

名句的故事

秦國大將王稽帶兵攻打趙國都城邯鄲，經過十七個月苦戰仍攻不下來。王稽帳下一位策士就勸他賞賜部下，但是王稽說：「我和君王（秦昭王）彼此相互信賴，君王不會聽信他人讒言。」但是，後來軍吏因為不堪長期苦戰，造謠說王稽和副將杜摯意圖反叛，秦昭王大怒，誅殺王稽。

歷久彌新說名句

這句名言可以對照「曾參殺人，慈母不能信」的故事來看。

「三人成虎」和「(三人說)曾參殺人」的道理是一樣的，成語的用法也差不多。可是兩個故事的主角甘茂和王稽，兩人的智慧卻不可同日而語。

甘茂是預見萬一戰事不順利，一定有政敵會陷害他，因此預先在秦王面前「打預防針」，秦武王於是與他盟約（再回味一下「息壤在彼」成語），因而保住了地位和性命；王稽則不聽謀士之言，結果丟了腦袋。二者差別可能在於，甘茂是客卿，地位不穩，朝中又有政敵，所以有危機意識；王稽則依恃秦昭王的寵信，所以缺乏危機意識。

另一種思考是，甘茂攻宜陽不下，拿出私有財寶賞賜軍隊（參考「戰勝無加，不勝則死」），終於打勝；王稽的謀士建議王稽賞賜士兵的理由如果是「重賞之下必有勇夫」，說不定王稽會接受，戰事也能成功。

《戰國策．魏策》另有一個「三人成虎」的故事。龐蔥隨同魏國太子到趙國當人質，以「三人成虎」的道理，希望魏惠王不會因讒言而不信任龐蔥。但是後來魏惠王仍然聽信讒言，太子回國（交接人質任務完成）後，龐蔥卻遭閒置，這就是魏惠王的智慧不及秦武王了。

名句可以這樣用

《淮南子》中也說道：「三人為虎，一里橈椎。」一里是指一里地方的眾人，意思與本篇名句一樣，道理都是「眾口所移，不翼而飛」——眾人之口可以改變、曲解、捏造事實真相。

賞必加於有功，刑必斷於有罪

——冒死進言之策

名句的誕生

（范睢獻書昭王）語曰：「人主賞所愛，而罰所惡。明主則不然，賞必加於有功，刑必斷於有罪。」今臣之胸不足以當椹質[1]，要[2]不足以待斧鉞[3]，豈敢以疑事嘗試於王乎？

～戰國策．秦策

完全讀懂名句

1. 椹質：一種古代的刑具，是腰斬時墊在刑犯身體下面的砧板。椹，音ㄓㄣ，zhēn，同「砧」。
2. 要：此指人身體軀幹的中段部分，通「腰」。
3. 斧鉞：古代斬刑所用的工具。鉞：音ㄩㄝˋ，yuè，似斧而較大的兵器，也作刑具。

語譯：（范睢入秦，上書秦昭王的一段提到）常言說：「平庸的君主對他寵愛之人行賞，而對他不喜歡的人行罰。但是英明的君主恰恰相反，獎賞必定是給有功勞的人，刑罰必然加於有罪之人。」如今臣的胸脯禁不起放在行刑台上（行刑），臣的腰部也擋不住斧鉞（刑具），哪裡敢用不切實的主張向大王進言呢？

名句的故事

范睢是初到秦國的遊說策士，他很清楚秦國當時的問題在於太后和魏冉當權（太后之弟，時任宰相）。可是向秦王建議排除太后與國舅可是要冒生命危險的，所以在上書中先捧秦昭王是「明主」，再申述賞罰之道（不應以君王好惡，而應以臣子功過為依據），然後表明「我可是冒著生命危險進言的哦」。

秦昭王看懂范雎的意思，所以在接見范雎時，「屏（支開）左右，宮中虛無人」，自己跪著向范雎請益（以示誠意，讓范雎放心直言）。

范雎於是明言：「大王上畏太后，下惑姦臣。」昭王則明白保證：「事無大小，上及太后，下及大臣，願先生悉以教寡人。」君臣彼此交心之後，范雎提出「遠交近攻」的大戰略，秦昭王聽後認為范雎是他的「管仲」，並且廢太后、罷黜魏冉，任范雎為宰相。

歷久彌新說名句

范雎的「策」是高明的，而他的「道」——賞罰之道——更是至理，否則不足以打動秦昭王之心。

《韓非子》最重視賞罰之道，他認為「賞無功」會讓臣子、人民崇尚拍馬屁，「有罪不罰」則使臣下容易為非作歹，而這都是「禮之本」。《韓非子》記載齊王向文子請教治國之道，文子說：「賞與罰是治國的利器，君主必須牢牢的抓在手中，絕不可以交給他人。」

漢高祖劉邦得天下後，與諸將群臣相約「非同姓不王，非有功不侯」，奠立漢朝封建帝國的制度。後來諸呂之亂就因劉邦這個誓約而得以平服（有法理依據，名正言順）。不過後來，漢帝封宦官為侯爵，破壞了制度，漢室因而中衰，這是「賞無功為亂源」的鑑戒。

名句可以這樣用

「賞必加於有功，刑必斷於有罪」，兩個「必」字都是雙向意思——賞只給有功者，有功者也必須得賞；刑罰不能加於無罪，有罪者也必須給予懲罰。若只是單向的有賞或不罰，是不夠的。

耳不聽，目不明

——點醒國君聽諫之策

名句的誕生

醫扁鵲見秦武王，武王示之病，扁鵲請除。左右曰：「君之病，在耳之前、目之下，除之未必已[1]也，將使耳不聽、目不明。」君以告扁鵲，扁鵲怒而投其石[2]曰：「君與知之者謀之，而與不知者敗之。使此知秦國之政也，則君一舉而亡國矣。」

～戰國策・秦策

完全讀懂名句

1. 已：病癒的意思。
2. 石：指砭石，古老的醫療用具。古人為了解除疾病痛苦，以石塊磨成尖石或片狀，破開膿包及放血等。

語譯：名醫扁鵲晉見秦武王，武王把患部給扁鵲看，扁鵲建議動手術割除。但秦王的侍臣說：「國君的患部在耳朵前方、眼睛下方部位，動手術割除未必能根治，說不定反而弄得耳聽不清、目視不明。」秦武王將近臣意見告訴扁鵲，扁鵲氣得將砭石丟到地上，說：「大王跟懂得醫術的人商量治療方法，卻因不懂醫術之人的意見而放棄。由此可知秦國的政治（不會好）了，陛下（早晚）有一天會敗掉國家。」

名句的故事

相傳黃帝時有神醫名叫扁鵲，《史記》則記

載扁鵲是春秋時代的名醫。很可能，當時名醫常自號「扁鵲」以為廣告，猶如後世名醫都稱「華陀再世」。

《戰國策》這一則看來是寓言，可能是某位策士遊說某國君的引喻。其重點當在於：「與知之者謀之，而與不知者敗之，才是君王耳不聰、目不明的病根！」

歷久彌新說名句

西漢哀帝時，匈奴單于派使節向漢帝國表示願意入朝。然而，當時漢朝國力中衰，答應匈奴入朝的話，得有賞賜，也就是以財物換取邊境安寧。漢哀帝徵詢公卿意見，公卿大多認為「不宜虛耗公帑」，於是謝絕了匈奴使者。

黃門郎揚雄進諫，提醒漢哀帝，國家安定貴於尚未發生亂象之前治理，國家安全貴於尚未開戰之前預防，他說：「明者視於無形，聰者聽於無聲。」若能夠在事件未發生之前預防未然，才能「兵革不用，憂患不生」。漢哀帝聞言醒悟，趕快召回匈奴使者，回報單于同意匈奴入朝。

名句可以這樣用

因為有揚雄這樣的直諫之臣，漢哀帝才聽得到忠言，也才能「耳聰目明」。一位領袖如果身邊盡是庸碌之輩，只會討好、總是主張保守，領袖就「耳不聰、目不明」了。

然而，人性總是諱疾忌醫的，在「耳前眼下」動手術，當然會令人忐忑不安，所以秦武王會因近臣之言而持保留態度。人性也總是好逸惡勞的，所以漢哀帝會採納眾公卿「省事省錢」的建議。由此可以見得，居上位者要維持耳聰目明，得有直諫之臣，自己還要有聽懂忠言的智慧。

弗知而言爲不智，知而不言爲不忠

——強調忠貞之策

名句的誕生

張儀說秦王曰：「臣聞之，弗[1]知而言為不智，知而不言為不忠。為人臣不忠當死，言不審[2]亦當死。雖然，臣願悉言所聞，大王裁[3]其罪。」

～戰國策・秦策

完全讀懂名句

1. 弗：不的意思。
2. 審：詳細，周密。
3. 裁：判斷，決斷。

語譯：張儀遊說秦惠王：「常言道：對事情未能透澈瞭解就發言，稱不上智者；瞭解狀況而不講真話，算不得忠貞。作臣子的人若不忠，就該死；提出的建議不周全，也該死。儘管如此，我還是甘願（冒死）將我所知道的全部提出來，由大王裁定我是不是該死。」

名句的故事

這是張儀遊說秦惠王的前言，在一番長篇大論（連橫）之後，他的結語呼應了前言：「我冒死來見大王，提出破解六國合縱的戰略。如果大王採納試行我的獻策，不能因此而攻下趙國，滅亡韓，迫使楚、魏稱臣，聯合齊、燕加盟，讓天下諸侯都來朝貢，那麼就請大王砍下臣的腦袋，在國境內巡迴示眾，做為以後為國君謀畫不忠者的警惕。」

亦即，張儀用「冒死進言」的策略，強調他是忠貞之言，如果他提出的戰略不成功，甘願賠上自己的腦袋。一上來就爭取到「暢所欲言」的機會，最後再重申不成功就砍腦袋，以贏取秦惠王的信任——這個人甘願被砍頭，那他所說的一定有幾分道理，至少，他是對君王忠心的。

歷久彌新說名句

《呂氏春秋》記載：惠施第一次見白圭（兩人皆戰國魏人），惠施就滔滔不絕提出一大堆主張，白圭都不回應。惠施走了以後，白圭對門人講了一個寓言：

有個衛國人新娶媳婦，新婦進門，看到僮僕拿著火炬，說：「火炬太大了。」走進屋裡，看見屋中地上有一個凹陷，說：「填平它，免得害人傷到腳。」

火炬太大是浪費，地上有坑是陷阱，那些話都是好意，可是不合新娘身分（講得太早了，應等到當家才講）。白圭的意思是，惠施未免「交淺言深」了。

比較惠施和張儀，顯然張儀的遊說技巧比較高。差別在於，惠施和白圭以後還有很多機會再談，而張儀卻可能只有那麼一次機會，必須立即打動秦惠王的心，所以採取「危言」策略。

名句可以這樣用

忠言通常逆耳，但是大老闆如果認為那是忠言，即使逆耳也會願意傾聽，「冒死以聞」則是強調忠貞的不二法門。「這番話如果不講出來，我就是對您不忠」，則是爭取發言權的最佳策略。

一發不中，前功盡棄
——勸人見好就收之策

名句的誕生

謂白起曰：「楚有養由基[1]者，善射，去柳葉者百步而射之，百發百中。……客曰，百發百中而不已善息，少焉[2]氣力倦，弓撥矢[3]鉤，一發不中，前功盡棄。今公破韓魏、殺犀武而北攻趙，公之功甚多，又以秦兵出塞，過兩周，踐韓而以攻梁，一攻而不得，前功盡滅，公不若稱病不出也。」

~戰國策・西周策

完全讀懂名句

1. 養由基：生卒年不詳，春秋時代楚國人，擅長射箭，能射擊百步距離的柳葉，百發百中。
2. 少焉：一會兒。
3. 矢：箭。

語譯：（蘇厲）對白起說：「楚國有一位神射手養由基，可以在一百步以外射中柳葉，而且百發百中。有人對他說：已經百發百中了，卻不乘著眾人讚佩之時休息，待會兒氣力衰倦，弓箭操控不靈活了，只要一發不中，前面的功績就都報銷了。閣下接連擊敗韓、魏，殺死魏國名將犀武，再往北攻趙，已經建立了太多功勞，如今又率秦兵出關，大軍經過東西周，踏過韓國領土攻魏國，只怕一次失利，前功盡棄。閣下何不稱病不出呢？」

名句的故事

白起是秦滅六國的第一名將，戰功彪炳且心狠手辣。擊敗韓軍斬首二十四萬、擊敗魏軍斬首十三萬、擊敗趙軍「坑殺降卒四十萬」。這樣的性格當然不會考慮見好就收，也不會給別人留任何餘地。

蘇厲勸白起這番話，正是白起所向披靡之時，想當然沒起任何作用。後來蘇代為趙王向秦國宰相范睢下功夫：「趙國眼看就要滅亡，秦王將統一天下，白起功勞第一必定位居三公，而閣下將如何自處？何不勸秦王接受韓、趙割地求和，讓士卒休息。」結果秦王採納了范睢的建議，白起的攻勢告一段落。

白起不懂休息再戰的道理，但秦王採納了見好就收的建議，這一休息，成了白起的命運轉捩點，而且蘇厲的「稱病不出」一語成讖！

歷久彌新說名句

秦軍再度向東發動攻擊時，白起剛好生病不能領軍出征，而秦將王陵一再失利。等到白起病癒，秦王要他上前線，白起說：「目前形勢不利於秦軍，不宜進攻。」秦王說服不了白起，再派范睢去講，白起託詞病情未癒，堅持不出。

秦軍換了統帥，前線仍一再失利，白起這時講風涼話：「不聽我的話，現在怎麼樣？」秦王聞言大怒，強令白起出馬，白起依然稱病不出，秦王最後派人送一把劍給他，命他自盡。白起臨死前說：「我曾坑殺降卒數十萬人，實在該死。」到最後一刻才後悔不給他人留餘地。

名句可以這樣用

「自古美人如名將，不許人間見白頭」，見好不收，一旦光環褪色，前功盡棄。

然而，一發不中固然前功盡棄，半途而廢又何嘗不是？當年若白起一鼓作氣向東進軍，而未受范睢牽制，以當時摧枯拉朽之勢，秦國有無可能提前統一中國？歷史不能重來，誰也不知道！

伯樂相馬，身價十倍
——請託名人推薦之策

名句的誕生

人有賣駿馬者，比三旦[1]立市，人莫之知[2]。往見伯樂曰：「臣有駿馬，欲賣之，比三旦立於市，人莫與言，願子還[3]而視之，去而顧[4]之，臣請獻一朝之賈[5]。」伯樂乃還而視之，去而顧之，一旦而馬價十倍。今臣欲以駿馬見於王，莫為臣先後[6]者，足下有意為臣伯樂乎？臣請獻白璧一雙，黃金千鎰，以為馬食。

~戰國策・燕策

完全讀懂名句

1. 比：接近。旦：日。比三旦：一連三天。
2. 莫之知：視若無睹。
3. 還：同「環」。
4. 顧：回頭看。
5. 賈：同「價」。一朝之賈：一天的酬勞。
6. 先後：先容，介紹。

語譯：有人想出售駿馬，一連三天站在市場，卻乏人問津。這人去見伯樂，說：「我想賣駿馬，卻三天沒人問價錢。我想請先生走一趟，繞著馬看，走了還一再回頭。就這樣一下，我願付全天的工資。」於是伯樂照著做了，結果，一天之內，那匹駿馬的價格漲了十倍。現在我想要向齊王獻上和駿馬一樣好的良策，可是少一位有影響力的人介紹，先生是否有意做我的伯樂呢？我願獻上一對白璧、千鎰黃金，做為您廄中養馬的飼料。

名句的故事

蘇代（蘇秦的弟弟）原本受燕王之託，遊說趙國聯合攻齊，趙王不答應。蘇代就去到齊國，遊說齊王，並且央請淳于髡作介紹人，而有前述一番話。淳于髡同意為他介紹，於是蘇代見到齊宣王，並且受到重用。

淳于髡長於諷諫，頗得齊宣王信任，但是他實在缺乏識人之明。後來，齊閔王命蘇代統帥齊軍和燕軍打仗，連敗二場——因為蘇代根本是燕國的奸細，淳于髡成了引狼入室的罪人。

歷久彌新說名句

蘇代的一貫作法就是央人先容，而他的一貫伎倆就是騙得天花亂墜。

燕昭王曾經對蘇代說：「寡人最不喜歡浮誇的言語。」蘇代對昭王說：「處女如果沒有媒人，到老都嫁不出去；推銷貨物如果沒有中間人，永遠賣不出去。想要坐享成功，就得依靠會吹牛的人。」

閩南諺語有一句：「媒人嘴，胡惢惢（講得天花亂墜）。」然而，做為領導人，不能喜歡聽浮誇之言，卻也不能完全不用這種人才。關鍵在於用對地方，燕昭王用對了，齊閔王則用錯了。

名句可以這樣用

現代商業行為常用名人代言，作為廣告手法，不也就是「伯樂相馬，身價十倍」的道理嗎？消費者則應擦亮眼睛看清楚，代言人是不是真的懂這個產品。畢竟，伯樂是相馬專家，若伯樂推薦的是化粧品，你還聽他的，就只能怪自己了！

烏非烏，鵲非鵲

──指桑罵槐之策

名句的誕生

史疾[1]曰：「請問楚人謂此鳥何？」王曰：「謂之鵲[2]。」曰：「謂之烏[3]可乎？」曰：「不可。」曰：「今王之國有柱國[4]、令尹[5]、司馬[6]、典令[7]，其任官置吏，必曰廉潔勝任。今盜賊公行，而弗能禁也，此烏不為烏，鵲不為鵲也。」

～戰國策．韓策

完全讀懂名句

1. 史疾：韓國大夫，奉命出使楚國。
2. 鵲：喜鵲。
3. 烏：烏鴉。
4. 柱國：楚國最高官職，位居宰相之上，相當於「三公」。
5. 令尹：宰相中最高位，相當「閣揆」。
6. 司馬：最高軍事首長，兼管緝盜。
7. 典令：掌教化之大臣。

語譯：史疾（見一隻鳥飛到屋上）說：「請問大王，楚國人叫這隻鳥為什麼？」楚考烈王說：「我們叫牠喜鵲。」史疾問：「叫牠做烏鴉可以嗎？」楚王回答：「不可以。」史疾說：「大王的國家設置有柱國、令尹、司馬、典令等官職，在任命官吏時，必定要求他們廉潔勝任。但是現在楚國有盜賊公然作案，而各級官吏卻無法禁止，這就叫做烏鴉不像烏鴉，喜鵲不像喜鵲了。」

名句的故事

楚考烈王接見史疾，問他師承哪一家？史疾說他專攻列子的學說。楚王問：「列子學說最講求什麼？」史疾說：「列子講求一個『正』字。」楚王問：「楚國治安不好，正字能夠防盜賊嗎？」史疾就以屋上的喜鵲做了比方，他的意思是，楚國的政府官員沒有盡到公務員的職責，柱國、令尹不能嚴格要求官吏，司馬不能緝捕盜賊到案，典令不能教化人民建立社會道德觀念。由於官吏不像官吏，那當然就讓盜賊得逞了。

史疾是客人，不好明講主人家是非，所以只能用烏鴉來比喻，算是高明的說法。換個角度推測，官員不好好行政，做不到「廉潔勝任」，那一定是貪污、無能，內政當然敗壞。

歷久彌新說名句

烏鴉聲音聒噪，喜鵲聲音悅耳，所以人們視喜鵲啼為吉祥之兆，烏鴉叫為不祥之兆。事實上，禍福自召，不應歸咎於「烏鴉嘴」，但是人性如此，諍諫總是不討好。

唐太宗有位諫臣魏徵，經常犯顏直諫。有一天太宗與群臣談話，封德彝說：「三代以後，人心澆薄，先王之道現在實不可行，魏徵說的只是書生之見。」魏徵反駁：「如果說老百姓完全沒有道德感的話，那還為什麼教育？又如何感化？」

有唐太宗的胸襟，才容得下魏徵那張「烏鴉嘴」；有魏徵這種剛正諫官，才能戳破封德彝那種「發出喜鵲叫聲的壞鳥」。

名句可以這樣用

「烏非烏，鵲非鵲」，是吏治墮落導致社會風氣不佳，但是，任命官吏的領導人應負最大責任，因為「什麼人玩什麼鳥」嘛！

交淺者不可以言深

——迂迴進言之策

名句的誕生

服子曰：「公之客獨有三罪：望我而笑，是狎[1]也；談語而不稱[2]師，是倍[3]也；交淺而言深，是亂也。」客曰：「不然。夫望人而笑是和也；言而不稱師，是庸[4]說也；交淺而言深，是忠也。……使[5]夫交淺者不可以深談，則天下不傳[6]，而三公不得也。」

～戰國策．趙策

完全讀懂名句

1. 狎：輕佻。
2. 稱：稱道。
3. 倍：同「背」，違背。
4. 庸：平常。庸說：正常交談，不見外。
5. 使：設使。
6. 傳：傳位。

語譯：服子說：「先生引見的客人犯了三個過失：朝著我發笑，表示他輕佻不莊重；談話時不稱道老師，表示他不念師恩；我們才第一次見面，交情很淺，卻直接談深入的事情，表示他沒規矩。」服子的門客說：「話不能這麼說。以笑容見人是親和的態度，談話不『言必稱老師』是不見外的態度；交淺而言深是誠意的態度。……（述說堯見舜、商湯見伊尹的交淺言深故事。）設使交淺就不可以深談，那麼堯不會傳位給舜，商湯也不會禮遇伊尹，請他擔任三公。」

名句的故事

馮忌是平原君的賓客，他請見趙王，見了面卻拱手、低頭，欲言又止。趙王問他要說什麼，他卻先說了前述服子見客的故事。說完故事，才問趙王：「現在我這個外臣想要交淺言深，可以嗎？」趙王於是請他暢所欲言。

馮忌想說的是什麼呢？原來他想為趙孝成王的弟弟廬陵君求情，希望不要將廬陵君放逐到外地。趙孝成王基本上是一位肯聽諫言的君王，但是馮忌關說的是王室家事，所以必須迂迴進言，格外小心，否則恐惹來殺身之禍。

歷久彌新說名句

魏文侯向元老李克請教：「先生曾經對我說過：『家貧思良妻，國亂思良相。』如今我想在魏成和翟璜二人當中，擇一擔任宰相。請問先生對這二位的評價如何？」

李克以「卑不謀尊（李克官位低於宰相），疏不謀戚（魏成是文侯同族）」作為推託之辭。魏文侯一定要他說，李克推不掉，就提出「居視其所親，富視其所與，達視其所舉，窮視其所不為，貧視其所不取」五個條件，魏文侯聽懂了他的意思。

李克出宮，遇見翟璜，翟璜向他打聽消息，李克說：「大概是魏成吧！因為你推薦的人才，國君都任用為臣，而魏成推薦的人才，國君都奉他們為師。」

李克因而沒有得罪翟璜。

名句可以這樣用

交淺者可不可以言深？底線就是，老闆要你言深，才可以言深。設若當初是舜主動去見堯，要堯傳位給他，可能嗎？

無妄之福，無妄之禍
——警告預防災禍之策

名句的誕生

春申君相[1]楚二十五年，考烈王病。朱英謂春申君曰：「世有無妄[2]之福，又有無妄之禍。今君處無妄之世，以事[3]無妄之主，安[4]不有無妄之人乎？」

～戰國策・楚策

完全讀懂名句

1. 相：擔任宰相。
2. 妄：此處同「望」，期望、預料。無妄：意想不到。
3. 事：事奉。
4. 安：疑問助詞，用法同「豈」、「難道」。

語譯：春申君擔任楚國宰相二十五年後，楚考烈王病重。門客朱英提醒春申君注意：「世間之事有意想不到的鴻福，也有意想不到的災禍。如今閣下正處於一個隨時會發生劇變的時刻，因為您事奉的君王病重隨時可能駕崩，難道不會出現意想不到的小人（加害）嗎？」

名句的故事

趙國人李園將自己的妹妹獻給春申君，這位妹妹知道懷孕後，李園又教妹妹向春申君獻計：「楚王尚無子嗣，若能將臣妾獻給君王，一旦生的是兒子，豈不是您的兒子作了楚王？您不但能長保富貴，而且等於擁有整個楚國。」

春申君於是設計將李園的妹妹獻給了楚考烈王，不久就生了一個男孩，被立為太子。李園的妹妹母以子貴當了王后，李園也擠進權力核心。

考烈王病重，朱英如前述提醒春申君，暗示李園可能對春申君不利，但春申君不聽，朱英為此害怕，就逃跑了。

十七天以後，考烈王駕崩，李園果然在宮門內埋伏刺客，殺了春申君。

歷久彌新說名句

這個故事發生的同一年，秦始皇殺了嫪毒，呂不韋被撤銷宰相職務，而春申君和呂不韋的故事如出一轍，更可對照來看。

呂不韋將自己已懷孕的妾獻給子楚，然後將子楚推薦給安國君為子嗣，最終自己的兒子成了秦始皇，這個故事不再多說。

春申君不及呂不韋之處，在於朱英提醒「防小人」時，沒有採納。這是春申君和呂不韋兩人性格上的差異——春申君量大，而呂不韋工於心計。司馬遷因而在《史記・春申君列傳》最後評論：春申君「當斷不斷，反受其亂」。

春申君和呂不韋相同之處，則在於位高權重、得國君寵信太久，因此在禍亂已萌兆之時，皆以為不會有事。也就是說，得意太久了，就缺乏危機意識，不提防「無妄之災」。

名句可以這樣用

「無妄之災」語出《易經》无妄卦：「无妄之災，或繫之牛（以牛為喻），行人之得，邑人之災（過路之人意外驚喜『撿』到一頭牛，卻成了鄉里某人的無妄之災）。」

无妄卦的卦辭：「其匪正，有眚。」意思是說，无妄原本無心，但若存心不正，就會發生災禍。春申君、呂不韋豈不皆因出發點不正，最終招致殺身之禍嗎？

食貴於玉，薪貴於桂

——擺高姿態拿蹻之策

名句的誕生

楚國之食[1]貴於玉，薪貴於桂，謁者[2]難見如鬼，王難見如天帝。今令臣食玉炊桂，因鬼見帝。

~戰國策・楚策

完全讀懂名句

1. 食：糧食物價。
2. 謁者：通報傳達之官，通常是老闆親信。

語譯：楚國的糧食物價比玉還貴，薪材價格比桂樹還貴，負責通報引見的官員比鬼還難看到，大王更比天帝還難見。如今我（蘇秦）在楚國，吃的是一級貴的東西，還要用桂樹來炊煮，並且得透過鬼才能見到天帝。（意思是：不趕快回去，還逗留什麼？）

名句的故事

蘇秦到各國推銷合縱，最後一站是楚國，他在各國都受到百般禮遇，卻在楚國等了三天才見到楚王。一番說辭打動了楚威王之後，即刻向威王辭行。楚威王問他：「先生不遠千里而來教導我，寡人聽得很有興趣，怎麼這麼快就要走了呢？」蘇秦作了前述回答，楚威王說：「請先生回賓館休息吧，寡人瞭解先生的意思了。」

楚威王瞭解了什麼？

蘇秦身佩另外五國相印，他在楚國只是說客，甚至不是客卿，他發現楚國的問題是物價昂貴（亦即內政有隱憂），而且楚王身邊的人猜忌他這個外人（擔心蘇秦搶他們的位子，亦即近臣排擠賢才）。因而蘇秦不好直接指出問題，以免開罪楚國既得利益集團，就藉著楚威王正欣賞他之時，故做姿態（拿蹺），「點」楚王一下。而威王也稱得上明君，一聽就懂。

歷久彌新說名句

西漢景帝是史上有名的賢君，他曾下詔：「黃金珠玉『飢不可食，寒不可衣』，可是人們卻花錢購買，這是本末倒置的現象。最近農作物歉收，應該就是從事農業生產（本）的人少，而從事商業（末）的人多的緣故。從今天起，各郡國務必獎勵農桑、多種樹（以充裕食、衣、燃料），官吏如果輕易徵調農民出公差、要農民捐獻，或僱人開採黃金珠玉，一律比照竊盜與收贓的罪刑論處。高級官員若不加管束，同罪。」

這是國家領導人重視民生物價的態度，「文景之治」因此能夠累積「太倉之粟，陳陳相因」的豐厚國力，成為之後漢武帝開疆拓土的本錢。同時，漢景帝也明白，帶動風氣光是他一個人在上呼籲不夠，得靠高級官員切實執行，所以警告高級官員不得縱容。

漢景帝和楚威王不同之處在於，漢景帝瞭解民生物價的重要，且能力行；楚威王聽懂了蘇秦話中寓意，卻只能「請先生回舍休息」，顯然威王無力管束楚國的貴族和大夫。

名句可以這樣用

今天我們用「米玉薪桂」或「米珠薪桂」形容物價貴騰，就是源自蘇秦這個故事。然而，內政不修、人民痛苦指數（物價加上失業率）升高，原因常在於用人不當——官員只懂逢迎拍馬，不理小民死活。

驅群羊而攻猛虎

——削弱對手鬥志之策

名句的誕生

夫[1]為從[2]者，無以異於驅群羊而攻猛虎也。夫虎之與羊，不格[3]明矣。今大王不與猛虎而與群羊，竊以為大王之計過[4]矣。

～戰國策．楚策

完全讀懂名句

1. 夫：語首助詞，無義。
2. 從：同「縱」，合縱。為從，主張合縱。
3. 格：等級。不格，猶如拳擊選手不同級數。
4. 過：錯。

語譯：那些主張合縱的人，和驅趕群羊去攻擊猛虎沒有兩樣。猛虎對上綿羊，不同級數的形勢非常明顯。大王不和老虎站在同邊，卻與羊群站在同邊，我認為大王的算計錯了。

名句的故事

張儀為秦王推動「連橫」，目的在離間六國「合縱」盟約，這一段是他晉見楚懷王時的說辭。重點在陳述秦國之強大，而且「天下後服者先亡」——愈晚臣服於秦，愈先被秦滅亡。

當時的國際形勢，「三晉」韓魏趙彼此攻伐，國力大不如前，能和秦國抗衡的只有東方的齊國和南方的楚國。齊國和秦國不相接壤，因此張儀的重點在先「穩住」楚國，然後可以放心對韓魏用兵，等收拾了三晉，楚國是下一個目標，之後才是齊國。

用今日的語言，秦國的戰略是「聯合次要敵人，打擊主要敵人」，而楚國就成了秦國的「戰略夥伴」。而楚懷王先被張儀的言辭打動，與秦國通好，後來自己還被騙去秦國，被扣留至死，注定了亡國命運。

歷久彌新說名句

到了戰國後期，燕太子丹因為受到秦王政的欺侮，誓言「燕秦不兩立」，他的太傅鞠武勸他：「秦國已經得到半個天下（其實還沒有），韓、魏、趙眼看不保，為什麼要因為個人恩怨而『批其逆鱗』呢？」傳說中，龍的喉嚨附近有一區塊的鱗片是反向排列的，稱為逆鱗，如果觸摸不對方向，龍很痛，就會發怒而噬人。

鞠武的論調就是典型「綿羊思考」，同時也可看出，連橫戰略已經收效、合縱盟約已經瓦解，而秦國併吞六國之勢已不可擋——全因為「羊群」苟且偷安的脆弱意志。

名句可以這樣用

臣服於老虎是羊的宿命。非洲草原上，弱肉強食的法則不會變，但是斑馬群就懂得團結對抗獅子，牠們圍成一圈，頭朝內，一齊翻騰後蹄抵抗獅子來犯。

楚懷王被張儀說動，因為他是「羊」，而當時六國之君也都是「羊」。

驅群羊而攻猛虎當然不會成功，只會送死；驅群斑馬而攻猛虎也是送死，但是面對猛虎，苟安偷生卻只是一時，只有團結一致，有方法、有戰略（如斑馬），才能保全。

請而不得，有悅色

——察見隱情的功力

名句的誕生

昭奚恤謂客曰：「奚恤得事[1]公，公何為以故[2]與奚恤？」客曰：「非用故也。」曰：「請[3]而不得，有說[4]色，非故如何也？」

～戰國策・楚策

完全讀懂名句

1. 事：供奉。主人「養」賓客，謙稱事奉。
2. 故：此處用做「故意說反話」。
3. 請：要求，同「申請」之「請」。
4. 說：同「悅」。

語譯：昭奚恤對賓客說：「我昭奚恤有幸事奉先生您，您為什麼故意說反話來套我？」賓客說：「我沒有說反話呀！」昭奚恤說：「你的要求（房屋）沒得到，反而露出喜色，不是說反話，又是什麼？」

名句的故事

昭奚恤是楚宣王朝中權力最大的臣子，軍事、司法一把抓。郢都（楚國首都）有一個人涉入官司，三年未獲判決，於是他請託昭奚恤的一位賓客，為他刺探官司會贏還是會輸。

那位賓客用了旁敲側擊的方法，去向昭奚恤說：「某人的房屋，我想要。（若判有罪，財產沒入官府，昭奚恤就有權分配。）」昭奚恤說：「某人的罪名不成立，所以不能給你。」

賓客得到了想要的答案，告辭而去。昭奚恤事後愈想愈不對，就有了前述的對話。

歷久彌新說名句

本則故事中「策」的部分其實在於那一位賓客「說反話以刺探」之策，但是被精明的昭奚恤識破了。然而，被識破可能反而是福不是禍。

《韓非子》記載一則故事，齊國大夫隰斯彌去拜訪當權大夫田成子，田成子和他一同登上高台眺望，田成子家中高台三面視線都很遼闊，只有南面被隰斯彌家中的大樹阻擋了視界。田成子什麼話也沒說，隰斯彌回到家中，派人砍掉那棵樹，可是工人才動了幾下斧頭，隰斯彌又下令停止。

隰斯彌的家臣問：「為什麼改變命令呢？」隰斯彌答：「古人說過，知道深淵之中有魚，是一件不祥的事情。田成子正想要發動政變，如果我表現出能夠察覺他心事，那我可能遭遇不測。不砍樹，最多被認為不識相，未必得罪他（因為對方沒提出要求），反而，如果我探知他人心事，那可危險了。」

好在是昭奚恤察見了那位賓客的「隱情」，所以賓客沒事。至於察見心事的功力，《戰國策．趙策》中另有一則故事。

春秋晉國末年，六個大家族割據稱雄，其中智氏最強，先後滅了范氏和中行氏，又聯合韓、魏攻打趙氏，圍攻晉陽三年。韓康子和魏宣子知道，智伯滅了趙國以後，接下來就輪到他們，於是私下與被圍的趙襄子取得連絡，約好裡外夾攻智伯。

智氏家臣智過對智伯說：「我先前見到趙氏的使者張孟談，他的神情趾高氣揚，不似被圍困三年的衰象；方才又見韓魏二家的族主，他倆神色有異，恐怕會背叛您。」智伯不聽智過的話，結果被韓、趙、魏三家聯合擊敗，身死。

現象反常通常都有隱情，如何察見就看每個人的功力了。無論如何，覺得「不對勁」，多想一想總是沒錯的。

以財交者，財盡而交絕

——加買保險之策

名句的誕生

以財交者，財盡而交絕；以色交者，華落而愛渝[1]。是以嬖[2]女不敝席[3]，寵臣不敝軒[4]。今君擅[5]楚國之勢，而無以深自結於王，竊[6]為君危之。

～戰國策・楚策

完全讀懂名句

1. 渝：消逝。
2. 嬖：受寵（之妾婢）。
3. 席：床上的墊蓆。
4. 軒：車。
5. 擅：獨得。用法如「專擅」之「擅」。
6. 竊：私下、暗中。

語譯：（江乙對安陵君說）以金錢結交者，一旦錢花光了，交情就斷絕了；以美色結交者，一旦繁華落盡，愛情就逝去了。此所以，寵妾等不到臥席睡壞（即失寵），寵臣等不到車子坐壞（即無復同車）。如今閣下雖得到楚王專寵，但若不能更加深植楚王對你的感情（亦即美色不足以維持長久，必須額外添加），我私下為你感到擔憂。

名句的故事

安陵君是個美男子，受楚宣王寵愛。江乙是楚國一位長於計謀的大臣，江乙對安陵君的實質建議是：「向楚王表達，願意將來為楚王殉葬。」安陵君當時受教，但三年未付諸行動，江乙再對安陵君說：「閣下既然不採納，那我以後就不敢再進言了。」安陵君回答：「我沒有忘記先生的話，只因為未得適當機會而已。」

終於，有一次楚宣王到雲夢狩獵，場面盛大，成果豐碩，宣王龍心大悅，對同車的安陵君說：「今天真是太高興了。寡人千秋萬歲之後（死後），你又能和誰共此樂呢？」安陵君這下終於逮到機會，當場流著眼淚說：「大王萬歲千秋之後，願意一同殉葬，為大王墊黃泉，擋螻蟻，那可比遊獵更快樂啊！」楚王聞言大樂，將「壇」地封給安陵君當食邑。

有了食邑，即使失寵也有了依附之地。而江乙，既有楚王的信任，又有了安陵君的感謝，也多了一分「保險」。

歷久彌新說名句

《史記．呂不韋列傳》提到，呂不韋遊說華陽夫人時說：「以色事人者，色衰而愛弛。」於是華陽夫人促成安國君立子楚為嗣子，後來安國君成為秦孝文王、子楚成為秦莊襄王、子楚的兒子就是秦始皇。華陽夫人的地位因養子當了國王而得到保障，呂不韋則得到三任秦王的寵信而權傾一時。

由於司馬遷的《史記》影響力蓋過《戰國策》，於是「以色事人者，色衰而愛弛」一句流傳後世，常與「以財交者，財盡而交絕」並用，「以色交者，華落而愛渝」就不常被引用了。

名句可以這樣用

陸游詩：「床頭金盡酒樽空，櫪馬相看淚如洗。」陸游是愛國詩人，這首詩並非紈袴子弟的嗟歎，但是正道出「財盡而交絕」的淒涼傷感。反過來看，狎客嗟歎財盡交絕之時，又何嘗體會伎人「華落而愛渝」的危機意識呢？

惡小恥者不能立榮名
——說服「光榮撤軍」之策

名句的誕生

傚[1]小節者不能行大威，惡小恥者不能立榮名。昔管仲射桓公中鉤，篡也；遺公子糾而不能死，怯也；束縛桎梏[2]，辱身也；此三行者，鄉里不通[3]也，世主不臣也。使管仲終窮抑，幽囚而不出，慚恥而不見，窮年沒壽，不免為辱人賤行矣！

～戰國策・齊策

完全讀懂名句

1. 傚：效法，摹仿。
2. 桎梏：指腳鐐手銬，古代刑具，在腳的稱桎，在手的稱梏，主要用來拘繫犯人。
3. 不通：不共，不相通，不往來。

語譯：注重小節的人不能讓威名行於天下，介意小恥辱的人無法建立崇高的聲譽。以前管仲暗殺齊桓公射中帶鉤，是叛亂；離開公子糾而不為他殉死，是怯懦；被腳鐐手銬綁縛，是奇恥大辱。（凡人）做出這三種行為，家鄉父老不跟他往來，人主不肯用他為臣。（所以凡人通常不願為。）

假若管仲（和凡人一樣）不能解開心結，自我閉塞不再做官，怕羞恥而不去見齊桓公，那麼，他將一輩子受屈辱（囚犯）、做低賤的事情。

名句的故事

這段文字出自〈魯仲連遺燕將書〉。

田單「雙城復齊」過程中，燕國一位將軍死守聊城，田單圍攻一年多，始終攻不下來。於是那位最擅長排難解紛的魯仲連「上場」，他寫了一封信，綁在箭上，射入城中。

魯仲連開宗明義勸那位燕將，逞一時意氣，卻不顧燕王損失一員大將，非忠；最終身死城亡，非勇；功勞和名聲都不能流傳後世，非智。

接著魯仲連給燕將戴高帽子，說他以殘兵敗卒抵擋整個齊軍一年有餘，守城的功力可以比擬墨翟（就是墨子，戰國時最會守城的人）；城內兵盡糧絕，但士卒毫無反叛之心，治軍的功力可以比擬孫臏、吳起。這些已經足以傲世了。

然後他舉管仲和曹沫的例子，勸燕將忍一時之氣，成終身之名。燕將被他說服，將軍隊撤出齊國。魯仲連一封信，救了多少人的生命啊！

歷久彌新說名句

魯仲連信中提到曹沫的故事。

曹沫是司馬遷《史記・刺客列傳》中第一位。他以勇力聞名於魯國，魯莊公用他為將，與齊國交戰，三戰三敗，魯國割地求和，但莊公仍然讓曹沫繼續擔任將領。

在齊、魯二國簽訂和約的會議上，曹沫拔出匕首威脅齊桓公，要求歸還侵略的土地，齊桓公迫於眼前情勢，口頭答應。等到曹沫回到位置，齊桓公很生氣，想要反悔，結果因為管仲的勸諫，仍然歸還得自魯國的土地（曹沫打敗仗的失地）。曹沫忍辱而得到將功折罪的機會。

名句可以這樣用

孔子有「君子疾沒世而名不稱」，司馬遷認為「死有重於泰山，或輕於鴻毛」，都是「惡小恥者不能成榮名」的表現。重點在心懷大志，為實現理想而忍一時之氣，否則就成了苟且偷生的藉口矣！

苟無民，何以有君？

——劈頭搶白之策

名句的誕生

齊王使使者問[1]趙威后，書未發，威后先問使者曰：「歲亦無恙耶？民亦無恙耶？王亦無恙耶？」使者不說[2]，曰：「臣奉使使威后，今不問王，而先問歲與民，豈先賤而後尊貴乎？」威后曰：「不然。苟無歲，何以有民？苟無民，何以有君？故有問舍[3]本而問末者耶？」

～戰國策・齊策

完全讀懂名句

1. 問：問候，請安。
2. 說：同悅。
3. 舍：同捨。

語譯：齊王派使者向趙國孝威太后請安，沒等使者打開國書，威后先問使者：「今年收成好嗎？人民都好嗎？君王身體好嗎？」使者神情不悅的說：「我奉君王之命而來問候太后，太后卻不先問候君王，而先問歲收和人民，難道是先卑賤而後尊貴嗎？」威后說：「你這話不對。假如收成不好，哪有人民？若沒有人民，哪有君王？我怎麼可以捨本逐末呢？」

名句的故事

在此前一年，趙惠王去世，孝成王繼位，由孝威太后垂簾聽政。秦國趁機發兵攻打趙國，趙國向齊國求援，齊國要求送長安君（威后最疼愛的幼子）去當人質，威后迫不得已答應。

這一年，齊襄王死，齊王建即位，派出使者向趙威后示好，威后因為去年的事情仍耿耿於懷，所以不等使者講好話，劈頭就是一番搶白。

在前述對話之後，威后再以語言進逼：「齊國有兩位體恤人民大眾的處士（民間有德之士），為何仍不任命他們出來做官？於陵（地名）子仲（齊大夫）這傢伙還在嗎？這個人對上不盡人臣之道，對下不照顧家庭，又沒有能力與諸侯和睦，這種無用之人為何還不殺掉？」

以此推測，子仲很可能就是當初獻策要趙國派長安君為人質的人。趙威后這一招，雖然成功的發洩了她個人的怨氣，但是，五年後，秦兵再攻趙，齊王不借糧、也不出兵，秦軍殲滅趙軍四十萬（長平之役），趙國自此一蹶不振。

歷久彌新說名句

《戰國策》重在「策」，幾乎都談的是「詭道」，本則是難得一見的「民本思想」。

《孟子．盡心下》中有：「民為貴，社稷次之，君為輕。」是古代民本思想的代表。然而，孟子接下去說：「得民心而為天子，得天子之心而為諸侯，得諸侯之心而為大夫。」這和今日民主思想仍有極大差距——公務員應以民意為上，若仍「仰體上意」，人民仍然沒有出頭天。

名句可以這樣用

對照趙威后和孟子的說法，威后多了一項「苟無歲，何以有民？」多了一重「民生至上」的理念——搞好經濟，才能得民心；得民心才能鞏固政權。

篳路藍縷，以啟山林

——順意曲折之諫

名句的誕生

王[1]曰：「今吾使人於周，求鼎以為分[2]，王其與我乎？」對曰：「與君王哉！昔我先君熊繹[3]，辟在荊山，篳路藍縷[4]，以處草莽，跋涉山林，以事天子。唯是桃弧棘矢[5]，以共禦王事[6]。齊，王舅也；晉及魯衛，王母弟也。楚是以無分，而彼皆有。今周與四國服事君王，將唯命是從，豈其愛[7]鼎？」

～左傳．昭公十二年（鄭丹以詩諫）

完全讀懂名句

1. 王：楚靈王。
2. 分：用法同廟宇「分香」之分。向周王求鼎以為鎮國之器。
3. 熊繹：楚國的始祖。
4. 篳：柴。藍：破敝。篳路藍縷：以柴為車，身穿破衣。
5. 桃弧棘矢：以桃木為弓，以荊棘為箭。
6. 事：戰事。
7. 愛：惜。

語譯：楚靈王問：「我現在派使節去向周天子請求分鼎到楚國，周天子會不會給我？」

楚大夫鄭丹回答：「一定會給的。從前我們楚國的始祖熊繹，乘著柴車、穿著破衣，在草莽、山林中跋涉開路，為周天子服務；以桃木為弓、以荊棘為箭，共同為周天子打拚。可是因為周成王的母親是姜太公的女兒，齊侯是王舅，而晉、魯、衛三國始祖是成王的弟弟，所以他們都有分鼎，而楚國沒有。如今大王威鎮諸侯，周天子和那四國都服事大王，當然唯命是從，哪敢愛惜鼎呢？」

名句的故事

楚靈王妄自尊大，以為可以問鼎中原了，其實他的實力比起五霸時期的楚莊王差得很多，因此只敢要求「分鼎」，而不敢要求九鼎。（請參閱「鳥集烏飛，兔興馬逝」一章。）

由於楚靈王的作風「聞過則怒」，所以鄭丹先順著他的話講，之後才迂迴進諫。（「末大必折，尾大不掉」一章，中無宇也是如此。）

鄭丹隨後用諷刺周穆王欲征戰而招民怨的詩句，「祈招之愔愔，式昭德音。思我王度，式如玉，式如金。形民之力，而無醉飽之心」，點醒楚靈王。楚靈王當時有所感悟，向鄭丹長揖而入宮，但卻一連幾天吃不好、睡不好，最終不能接受進諫，落得政變失位後自殺的下場。

歷久彌新說名句

周成王時，熊繹和伯禽（周公之子，封魯公）、牟（衛侯）、燮（晉侯）、呂伋（齊侯）一同為重臣，但前三人都是姬姓王室，後者是外戚，所以都封公、侯，熊繹卻只封子爵，且位處南蠻之地。所以，鄭丹為楚靈王發出不平之鳴。（後面話才好說。）

連雅堂〈台灣通史序〉中寫道：「夫台灣固海上之荒島爾，篳路藍縷，以啟山林，至於今是賴。」連雅堂心懷台灣被割讓之痛，寫開闢之艱辛，而引用這個典故，顯然也有對清廷的怨氣在其中。

風馬牛不相及

——理不直氣也壯之策

名句的誕生

齊師以諸侯之師侵[1]蔡，蔡潰，遂伐[2]楚。楚子[3]使與師言曰：「君處北海，寡人處南海，唯是風馬牛[4]不相及也。不虞[5]君之涉吾地也，何故？」

～左傳・僖公四年（楚使對齊師）

完全讀懂名句

1. 侵：沒有周王發給的鐘鼓而擅自發動戰爭，稱為「侵」，亦即侵略行為。孔子作《春秋》注重一字之褒貶，此即一例。
2. 伐：有鐘鼓而發動戰爭，稱為「伐」。但後來周王室衰微，諸侯之間相攻，雖未得周王同意，也稱「伐」。
3. 楚子：楚是子爵之國，當時國君是楚成王，但《春秋》仍稱楚子。
4. 風：牝牡相誘。風馬牛：兩國相距甚遠，如同牛馬不會相誘。以牲畜為喻，有諷刺之意。
5. 不虞：不料。

語譯：齊桓公率領諸侯聯軍侵略蔡國，蔡國崩潰，於是順勢攻打楚國。楚成王的使節詰問聯軍：「齊國地處北方海濱，楚國地處南方，兩國相距甚遠，好比公牛和母馬不相吸引，卻想不到你們會進入我的國境，是何道理？」

名句的故事

齊桓公當上諸侯盟主，蔡繆侯將妹妹嫁給齊桓公。可是這位蔡國公主有一次和齊桓公一同泛舟時，故意搖晃船隻，齊桓公叫不聽，一怒之下將她休了。蔡侯為之不高興，就將妹妹改嫁，齊桓公感覺沒面子，於是攻打蔡國。

蔡國的後台是楚國，楚國一向不甩齊桓公，甚至經常侵犯齊國的盟邦鄭國（鄭與齊攻守同盟，參考「人各有偶，齊大非偶」一章），於是齊桓公挾戰勝餘威攻打楚國。

當時齊國氣勢正盛，楚王不想輕纓其鋒，於是派出使節，據理詰問。

齊國宰相管仲回答楚使：「當年周王的執政召康公授權我們齊國祖先姜太公（呂望），可以視情況討伐東方不服的諸侯。你們楚國已經好久沒進貢包茅（祭祀用的一種草），使得天子祭典不完美，我就是來追究這事情的。」

歷久彌新說名句

事實上，齊國軍隊已經超越了當年召康公的授權範圍（山東、河南一帶），但是管仲「理不直卻氣很壯」。

但楚國雖不求戰，卻亦不畏戰，因此前述使者敢於語出譏誚，後來更擺出「大不了打一仗」的姿態，齊楚之後並未開戰，而是簽下和約，各自退兵。

名句可以這樣用

面對無端挑釁，我們常用語是「井水不犯河水」，意思一樣，但「風馬牛不相及」有諷刺意味。至於有見過「風馬牛不相干」的寫法，那就是錯誤用法了。

伯樂之知己

——捧人兼捧己之策

名句的誕生

夫驥[1]之齒[2]至矣，服[3]鹽車而上太行。蹄申[4]膝折，尾湛[5]胕[6]潰，漉汁[7]灑地，白汗交流，中阪[8]遷延[9]，負轅[10]不能上。伯樂遭[11]之，下車攀[12]而哭之，解紵[13]衣以冪[14]之。驥於是俛[15]而噴[16]，仰而鳴，聲達於天，若出金石[17]者，何也？彼見伯樂之知己也。

～戰國策．楚策

完全讀懂名句

1. 驥：良馬。
2. 齒：馬的牙齒隨年齡而長，所以年齡又稱年齒、馬齒。齒至：年紀夠大，可以拉車了。
3. 服：拉車。
4. 申：伸直
5. 湛：汗水沾濕。
6. 胕：小腿。
7. 漉汁：鹽車滲出的汁液。
8. 阪：山坡。中阪：半山腰。
9. 遷延：停滯不前。
10. 轅：拉馬車之直木。
11. 遭：遇。
12. 攀：抱。
13. 紵：細麻布。
14. 冪：蓋上。
15. 俛：低頭。

16. 噴：噴氣。
17. 金石：打擊樂器的通稱。

語譯：良馬到了可以拉車的年齡，拉著鹽車上太行山。蹄子伸展到極限，膝蓋折傷，馬尾巴全濕，小腿肉因磨擦而潰瘍，鹽車上滲出的水灑了滿地，白色的鹽水與馬的汗水在地上交流，馬車在半山腰停滯不前，良馬硬拉著車轅卻上不去。伯樂看見牠這副慘相，下車抱著牠痛哭（良馬居然淪落到拉鹽車），脫下身上的麻紗衣裳，蓋在牠身上。良馬於是低頭噴氣、仰頭高鳴，馬嘶聲上達天空，發出金石樂器般的聲音。牠為什麼高鳴？因為有感於伯樂是牠的知己啊！

名句的故事

遊說之客汗明投靠春申君，苦等三個月才得進見，相談甚歡，汗明還想再談，可是春申君卻說：「在下已經認識先生了，請先生休息吧！」

汗明就對春申君講了伯樂與驥拉鹽車的寓言，並且以堯賞識舜來捧春申君，春申君於是回捧汗明是舜。將汗明登入賓客名單，每五天向他請教一次。

歷久彌新說名句

韓愈的名句：「世有伯樂，然後有千里馬。千里馬常有，而伯樂不常有。」他那篇文章就是以這個故事做引申——天下的千里馬其實很多，但是識馬的伯樂很少，以致於千里馬往往被拿去拖鹽車，不能發揮牠奔馳的能力。而天下的人才很多，卻往往因為沒有人「識才」，而糟塌了人才。

《呂氏春秋》有一句：「得十良馬，不如得一伯樂；得十良劍，不若得歐冶。」有了伯樂，良馬將盡入廄中，何止十匹？歐冶子是春秋鑄劍大師，有了歐冶子，好劍當然可以源源不絕。

劉邦得天下後，下詔群臣排序十八位開國之勳的爵位。很多人認為，平陽侯曹參身上有七十多處創傷，功勞第一。只有鄂千秋獨排眾議，認為蕭何安定後方，並且供輸前方軍糧從不匱乏，才應該排第一。於是劉邦決定，蕭何排第一，並且讚許鄂千秋「進賢受上賞」，封他為安平侯。

蕭何、曹參就是後來「蕭規曹隨」那二位宰相，以他倆的性格，第一或第二都不會爭，而劉邦此舉寓意極深，就是希望其他人效法鄂千秋「進賢」，這樣可以帶起推薦人才的風氣，等於滿朝都是「伯樂」，哪還擔心政府沒有「良驥」？

名句可以這樣用

良驥因伯樂知己而聲聞於天，人才因知己而願效死（士為知己者死），知遇之恩的邊際效益是難以量化的。

反過來說，人才被糟蹋是一個政府、企業最大的損失，更甭說那些「指鹿為馬」，陷害賢良的「馬鹿野郎」了。

國家圖書館出版品預行編目資料

中文經典100句——戰國策 / 公孫策　作.
-- 初版. --臺北市 : 商周出版 : 家庭傳媒城邦分公司發行, 2006[民95]
面：　　公分.--（中文經典100句；8）

ISBN 986-124-586-3（平裝）

1. 戰國策─選譯
621.804　　95000894

中文經典100句08
戰國策

總策畫／季旭昇教授
作者／公孫策
副總編輯／楊如玉
責任編輯／程鳳儀
發行人／何飛鵬
法律顧問／中天國際法律事務所周奇杉律師
出版者／商周出版
城邦文化事業股份有限公司
台北市104民生東路二段141號9樓
電話：(02) 25007008　傳眞：(02)25007759
E-mail：bwp.service@cite.com.tw
發行／英屬蓋曼群島商家庭傳媒股份有限公司城邦分公司
台北市中山區104民生東路二段141號2樓
書虫客服服務專線：02-25007718・02-25007719
24小時傳眞服務：02-25001990・02-25001991
服務時間：週一至週五09:30-12:00・13:30-17:00
郵撥帳號：19863813　戶名：書虫股份有限公司
讀者服務信箱E-mail：service@readingclub.com.tw
歡迎光臨城邦讀書花園　網址：www.cite.com.tw
香港發行所／城邦（香港）出版集團有限公司
香港灣仔軒尼詩道235號3樓　網址：hkcite@biznetvigator.com
電話：（852）25086231　傳眞：（852）25789337
馬新發行所／城邦(馬新)出版集團 Cite (M) Sdn. Bhd.
41, Jalan Radin Anum, Bandar Baru Sri Petaling,
57000 Kuala Lumpur, Malaysia.
Tel:(603)90578822 Fax:(603)90576622 Email: cite@cite.com.my

封面設計／徐璽
電腦排版／冠玫電腦排版股份有限公司
印刷／韋懋實業有限公司
總經銷／高見文化行銷股份有限公司
電話：(02)2668-9005　傳眞：(02)2668-9790　客服專線：0800-055-365
■2006年02月23日初版
■2015年03月19日初版12.5刷
printed in Taiwan
Taiwan
定價200元
 ISBN 986-124-586-3